宏览博物
守望非遗

非物质文化遗产原真性展示与本真性体验研究

金浏河 著

山西出版传媒集团
山西经济出版社

图书在版编目（CIP）数据

宏览博物　守望非遗：非物质文化遗产原真性展示与本真性体验研究 / 金浏河著. —太原：山西经济出版社，2022.6
ISBN 978-7-5577-1001-9

Ⅰ.①宏… Ⅱ.①金… Ⅲ.①非物质文化遗产—博物馆—研究 Ⅳ.①G122-282

中国版本图书馆CIP数据核字（2022）第102253号

宏览博物　守望非遗：非物质文化遗产原真性展示与本真性体验研究

著　　者	金浏河
出 版 人	张宝东
责任编辑	解荣慧
装帧设计	赵　娜
出 版 者	山西出版传媒集团·山西经济出版社
地　　址	太原市建设南路21号
邮　　编	030012
电　　话	0351—4922133（市场部）
	0351—4922085（总编室）
E-mail	scb@sxjjcb.com（市场部）
	zbs@sxjjcb.com（总编室）
经 销 者	山西出版传媒集团·山西经济出版社
承 印 厂	山西新华印业有限公司
开　　本	787mm×1092mm　1/16
印　　张	15.5
字　　数	181千字
版　　次	2022年6月　第1版
印　　次	2022年6月　第1次印刷
书　　号	ISBN 978-7-5577-1001-9
定　　价	69.00元

如有印装质量问题请与本社联系调换

序

春节前夕，浏河送来《宏览博物　守望非遗》文稿，说该书即将由山西经济出版社出版，嘱我为之写一个序。

该书是在博士论文的基础上修订完善的，是一本具有经验研究贡献的著作。作者以非物质文化遗产的展陈与游览为研究背景，探索了非遗原真性展示与游客本真性体验的内涵与关系，并由此延伸讨论了现代社会非物质文化遗产活化、文化自信，以及非遗博物馆旅游未来发展取向等问题。研究内容具有很高的理论意义与实用价值。

全书由七章内容构成。作者从非物质文化遗产在现代社会生活中的存在，以及社会群体与个体在展示与体验之间互动共生的真实表达出发，提出研究问题，讨论对非遗博物馆文化展陈与游览状况深入研究的理论意义与现实意义。接着，作者从博物馆旅游以及旅游体验的本真性两个方面，分四个小节，展开该项研究的理论铺垫，并重点回顾了非物质文化遗产博物馆旅游本真性的过往研究文献。该书以文化人类学的田野调查、实地观察以及深度访谈等质性研究方法为主，并同时辅以一定范围的调查问卷，来完成多源多样的数据采集与分析。

全书的核心在第五、第六和第七章三章。作者结合在杭州工艺美术博物馆群、南京博物院非物质文化遗产博物馆、南京市非物质文化遗产馆甘熙宅第、中国昆曲博物馆，以及三亚槟榔谷国家级非物质文化遗产生产性保护基地等五个案例地的调查与观察，详细呈现了非遗博物馆原真性展示的素材，并深入讨论了非遗原真性展示与游客本真性体验之间丰富的理论内涵及其错综的利益关系。内容极为丰富、见解很是深邃。

通过对非遗博物馆原真性展示与本真性体验的多维分析与透视，该书可以帮助读者更好地理解与体会非遗博物馆所展现的文化内涵以及所传承的精神思想，也有助于人们进一步认识与思索非遗博物馆展示与体验之间错综复杂的因素与语境。

该书虽属学术著作，却有很高的通识可读性。字里行间流露出作者对非物质文化遗产与博物馆旅游问题的浓厚兴趣与长期关注。其实，早在博士课程学习开始之前，作者对该课题就已经有意识地开展调查工作。这些前期的研究积累，大大地丰富并提升了后期博士论文研究的思想内容与认识水平。

该书的出版，从非物质文化遗产与博物馆旅游两个方面丰富了文旅融合的理论文献，对非遗博物馆旅游的永续发展，做了积极有益的探索。文中所表现出的理论思考与现实关注，对非遗博物馆旅游的经营管理有诸多的参考价值。

开卷有益。今日重阅此书，感觉《宏览博物　守望非遗》的出版，是为高等院校与研究机构从事文化旅游、遗产活化、博物馆体验管理等专业学习与研究的师生提供了一本很有价值的参考书。该书同时也是非物质文化遗产与博物馆旅游经营管理部门和从业者的必读。

是为序。

肖洪根

香港理工大学

2022年3月3日

前　言

　　博物馆是提供真实旅游体验的重要遗产景观，在"新博物馆运动"的背景下，众多博物馆将他们对文化遗产静态展示的片面关注转向旅游者体验的设计和创造。相应地，博物馆成为旅游目的地系统的重要组成部分，旅游者与博物馆的关系引起了来自博物馆学和旅游学界的关注。博物馆系统在西方国家有长久的发展历史，并受到公众的广泛欣赏和认可，因此相关的大多数研究主要集中在西方语境，而在中国背景下，较少研究聚焦博物馆等公共文化设施的旅游者体验。

　　真实性是文化遗产目的地的一项重要属性，这一概念同样适用于旅游者的博物馆参观行为：长久以来，博物馆的收藏品被认为是无偏差的、真实的物品的集合，提供真实的参观体验被认为是博物馆陈列和解说的核心目标。在后现代社会的背景下，虚拟现实、增强现实等创新的技术特征被更为深度地应用于博物馆的场景；历史故事和地方传说也被整合融入博物馆的现场解说项目中，以阐释地方过往和文化传统，提升旅游者的体验价值。后现代旅游者也积极主动地参与博物馆叙事，建构个人对博物馆体验的理解，赋予自身的博物馆体验以丰富的意义。因此，根据价值共创的逻辑，旅游者在博物馆的真实体验是旅游者主体和博物馆策划者、策展人、管理者协同创造的结果。

已有研究并未深入探讨博物馆的场所空间营造和体验项目设计如何被受众接收和重建，从而创造真实的参观体验。据此，以中国旅游者的博物馆体验为例，本书的主要目的在于探讨旅游者如何通过参观博物馆获得真实体验，从而拓展博物馆体验真实性这一话题，弥补相关研究的缺失。围绕这一目标，本研究首先综合梳理了博物馆旅游者体验的相关研究，进而概括了遗产旅游背景下体验真实性的各种理论流派的主要观点，尤其关注博物馆背景下的真实性话题。研究案例地包含长江三角洲的非物质文化博物馆，分别为中国昆曲博物馆、杭州工艺美术博物馆群和南京非物质文化遗产博物馆。综合运用直接观察、参与式观察和半结构访谈三种质性研究方法以及大规模问卷调研，实现归纳和演绎两种分析逻辑的有机结合，结果显示博物馆旅游者的体验真实性涵盖情感真实性、客观真实性和互动真实性三种类型，它们彼此关联形成一种混杂的体验真实性。在此基础上，本研究试图阐释参观者与博物馆的物质实体、导引指南、现场解说系统、手工艺人、传统手工艺展示以及现代科技介入的互动与沟通如何定义和传递真实的博物馆参观体验。

本研究的写作目的并非是区分参观者在文化遗产博物馆参观过程中所见所闻、所思所想的真实与虚假，主旨是要了解在本真性的应照下，在博物馆这个特殊的文化聚集之地，个人和群体的话语意识和行为意识对自我的探寻，对本真自我的表达、对文化寻求的意志等方面的诉求，进而使参观博物馆的体验不仅是智慧的或审美的，而且还可以让不同群体的人进入沉思、冷静、反思，使博物馆成为理解自我情感与动机的地方。博物馆（展示馆）也

前　言

可借助这一时机传播保护非物质文化遗产的相关知识与理念，提高人们鉴赏水平和文化涵养，在供需双方的互动与相互促进中，实现文化遗产旅游博物馆产品及服务品质的提升。

金浏河

2022年1月25日于高教博园

目 录

第一章 引证 ··· 001

第二章 走近——掀起真实性的面纱 ······························· 007

第三章 环顾——博物馆旅游中"真实性"的表里世界 ······ 023
    第一节 博物馆与博物馆旅游 ······································ 025
    第二节 本真性与旅游本真性体验 ································ 037
    第三节 旅游中本真性体验的研究脉络 ·························· 045
    第四节 非物质文化遗产与博物馆 ································ 059

第四章 钥匙——文化人类学方法 ································· 079
    第一节 研究思维与方法的设计 ··································· 081
    第二节 质性研究数据的收集 ······································ 087

第三节　定量研究数据的收集 …………………………………… 093
　　第四节　效度与信度 ……………………………………………… 097

第五章　显现——从展示到体验 …………………………………… 105
　　第一节　原真性展示 ……………………………………………… 108
　　第二节　本真性体验促成的要素研究 …………………………… 148
　　第三节　本真性体验指标体系研究 ……………………………… 159

第六章　探究——博物馆非遗原真与体验本真 …………………… 179
　　第一节　博物馆非物质文化遗产原真 …………………………… 180
　　第二节　博物馆非物质文化遗产本真体验 ……………………… 183
　　第三节　博物馆本真性体验优化的途径 ………………………… 189
　　第四节　非物质文化遗产旅游本真性体验 ……………………… 193

第七章　审思——诘难与文化自信 ………………………………… 195
　　第一节　非物质文化遗产原真性展示的诘难点 ………………… 196
　　第二节　从地方的非遗看文化的自信 …………………………… 201
　　第三节　研究局限与后续研究方向 ……………………………… 210

参考文献 ……………………………………………………………… 212

后　记 ………………………………………………………………… 234

第一章 引证

"世界那么大，我想去看看"这10字在2015年为何被大众以惊人之速度转载？很多人从职业发展、个性体现、世界观重塑、价值观回归等角度解释并非无道理。在笔者看来，当我们在社会生活中可怕的一面突然变得过分真实时，现实感就被削弱，社会结构的前台与后台就会显现，也就意味着不可能回到原来的一种自然状态，从而促使人们走向另一个更广阔的境地运用"看看"来寻找本真的自我。现代人往往会主动打破自己现存的真实生活，进而去追求和迷恋其他地方的"真实生活"，这一现象在当今社会日益突显。正如Grabum（1977）所说的：旅游活动体现了行为主体（旅游者）对日常生活的某种反叛。

"本真性"（Authenticity）一词，隐含着对真实性的探求（瑞吉娜·本迪克丝和李扬，2006）。王宁（2014）认为"本真性"与"诚实、真挚"有内在关联。从存在主义的哲学角度来思考，人是否处于本真的状态，关键要看他（她）对自己是否诚实、真挚、笃实，即真实。一个处于伪装和自欺状态的人，很难让自身处于本真状态。于是"本真性"某种意义上就成为一种伦理道德规范：人首先要对自己诚实，对自己本真，才能做到对待别人诚实。更有甚者，在邪恶势力的攻击和诱引下依然未能扭曲自己的本真性，从而忠实于自我的初衷。很显然，本真性在很大程度上是从伦理角度提出来的一个有关人生的规范和理想。

过去人们对真实与非真实从社会学的角度来定义，有一个非常明确和清楚的判析。但在如今的社会环境中，社会不仅仅是建立在人际关系基础之上，更是对多维文化多种建构的再现，可以说在某种程度上高于人际关系。在文化占据优势的生活中，人们现实的生活关系从传统的禁锢中释放出来，人们的生活状态不止一种,因为需要不断实践,并在此过程中调整以实现现实、目标和真理。因此,社会结构的变迁带来的影响使人们在本真与非本真之间进行重新定义。人们渴望自我本真的存在,渴望本真生活的回归。归根结底是不同社会力量的大众共同建构的文化价值认同感正面临"殆尽"的边缘,引用戈夫曼的话:"表面上看起来是司空见惯的社会现象,往往并不是人类行为中无可置疑的一部分。"因此,我们寻求本真是出于对"价值无涉"的客观存在所赋予的文化想象,还是对"伦理道德"的行为意识缺失的坚定恪守。

科技信息、网络媒体、电子技术的迅速发展和广泛运用,使人类的生活越来越符号化、影像化。人们生活在完美且意象的虚拟现实之中,层层符号、标的,加上人们自身的意象,共同建构出了一个高度"仿真"的世界——日常生活以镜像的方式呈现出来。运用后现代主义的观点:今天生活的环境越来越像一面"镜子"(陈军科,2004)。通过镜子呈现出现实幻觉化的空间。人们此时产生焦虑与忧愁、怀疑与困惑、逃盾与回避,同时又充满渴望与期待、求索与回归。人本身就是矛盾的个体。当他(她)步入儿时熟悉的小巷,闻到许久未闻的花香,看到曾经心慕手追的工艺,听到陌生又熟悉的神话谚语,入住略带斑驳但不失雅致的民居,欣赏悠扬的曲调时,这些情境渐渐成为人们在镜像生活中寻求身份认同、重拾自我价值及生命本质意义的一种理性指引。如果文化遵行的是"螺旋式回归"的理论,那么后工业文明将在更高层面回归本真意义的传统和自然。

"真实性"研究最早运用于博物馆领域。一个物件是否本真与该物件的持有者(所有者)的诚实性是紧密相关的,特别是当他(她)作为该物件的宣称者时。当宣称者声称该物件所展示的是代表该物品某种特定的真实属性时，会存在两种情况：其一，是真实的，反映了持有者的诚实、本真性；其二，则反之，使持有人的人品（不诚实）暴露无遗。在20世纪60年代，"真实性"正式进入文化领域，随后的民俗学、人类学及相关学科的学术范式转变表明，本真性不仅成为建构民俗中"民间叙事"的基本要素，而且已然成为考察社会生活的新视角。当下，许多反映当地文化、区域文化的"生活文化（习俗）"被不断地发现、重提、展示，甚至消费，致使这些文化从原有的生活语境中被剥离出来，成为独立的、超越地方文化的文化代表投身于"文化遗产"的语境中，为不同的社会力量重新构建，使地方文化不可避免且确确实实地发生了变化。那么，如何将旅游领域内对本真性的知识与民俗学中对本真性的探访探究进行较为完美的黏合？按王宁（2014）的观点，从旅游角度来看，无论游客最终是否会识别本真与非本真，从客观上都处于"吃亏"的位置。即如果未识破对方的谎言，旅游者就成为布尔斯廷笔下所说的"傻瓜"；即使是识破对方的伎俩，游客也并不为之感受到欣慰，反而因此感受到"被欺骗被愚弄"而心怀愤慨，从而影响体验质量。

这里延续德国哥廷根大学教授本迪克斯（Regina Bendix）的观点，放弃描述何为本真性这样错综复杂和难以把握的内容，避免在概念表述中极易出现的"自戕创新"，而是转向发自内心的普适性问询：是谁、在什么地方、什么时候、真实地看到什么、本真体验到了什么。由此，文章作者还原至其研究的起点，以非物质文化遗产博物馆展示与参观作为诠释问题的平台，糅合"本真性"、旅游体验、博物馆学形成三角理论支架，运用务实的质性研究方法，选择具有典型且具有浓厚的中国地域特色的非遗博物馆（非遗旅游地）作为实证研究对象。本书的目的并非是区分参观者在其参观过程中所见所闻、所思所想的真实与虚假，主旨是要了解在"本真性"的应照下，在个人和群体的话语意识和行为意识中，对非物质文化遗产的体认，对自我内心体验的本真表达以及对非遗博物馆文化展示功能和意义的深度探寻。

越是原汁原味的非物质文化遗产，越适合走向未来的文明（庄志民，2012）。原真性地保护与传承非遗绝不只是一个态度，更是对生活世界的重新回归和拥抱。当然，我们不能仅以部分人对本真性的关注来说明全体参观者对本真性的关注。"窥一斑而见全豹"也许会有片面性和以偏概全，但能从"深刻的片面"视角做探索何尝不是一种深究和极致。

… 第二章 走近
——掀起真实性的面纱

第一节　记忆深处的"真实"

普鲁斯特在《追忆似水年华》中曾写到"当一个人不能拥有的时候，他唯一能做的便是不要忘记。"如此的不能忘却用来回溯和重返个体曾经历的某个历史片段来反证作为"人"的个体存在感。这种存在感在一定程度上弥合了人们情感中与过去时光的割裂缝隙，满足了人们内心的某种理智的或情感的需求。现代人往往会主动打破自己现存的真实生活，进而去追求和迷恋其他地方的"真实生活"，这一现象在当今社会日益凸显。如今，人们热衷于抚今追昔，常驻足于古藤篱下，勤流连于朝花夕拾……"回忆"这只无形之手拾起人们种种即将遗忘的美好和曾经的感动。"回忆"是人类不可或缺的基本现象（吴红涛，2016），它给予人类时间和空间来营建原本缺乏的对于刺激的领受（Lichtman，2012）。这里比较有把玩意味的是"刺激"二字。将"刺激"与"回忆"置于一处，从现在看来更显示出"回忆"所处的附于外在生活世界的表征以及人们对内心生活世界充盈着无限张力的心理体验。鲁迅先生曾写道："我有一时，曾经屡次忆起儿时在故乡所吃的蔬果：菱角、罗汉豆、茭白、香瓜。凡这些，都是极其鲜美可口的，都曾是使我思乡的蛊惑。后来，我在久别之后尝到了，也不过如此；唯独在记忆上，还有旧来的意味留存。他们也许要哄骗我一生，使我时时反顾。"可见正是这种怀旧、这种对往昔的频频回首，编织着内心对曾经的倾心怀念和对往后的殷殷期待。正是这种珍贵的体验，引导着、刺激着人们纷纷走出惯常的家园，走出内心困顿的领地，走出冷漠迷茫的人群，附以崭新的姿态、好奇的眼光与去寻找远方的栖息地、远去的记忆和陌生中的熟悉。在麦康奈尔（2008）看来，只有那些力图摆脱日常生活羁绊，开始懂得"生活"的现代人才会有本真的经历和体验。通过观光等一系列活动与社区、社会乃至民族文化建立联系，与之浅斟低酌之中产生话题、互为挽留以致责任担当。

第二节 走进文化遗产的"真实"

"Authenticity"中文翻译为"本真性、真实性、原真性",最早起源于宗教占统治势力的中世纪的欧洲,因此,当时的"真实性"或"本真性"主要是用来评判宗教经本以及遗物的真实性。随着西方文明进程的不断推进,真实性逐渐脱离了宗教的束缚,对原真性的追求显现出理性、实证的时代精神和价值观(Lowenthal,1999),并作为一种评价及衡量标准,在博物馆领域对收藏品(艺术品)的内在价值、外在形态进行鉴别,这代表着"真实性"实用功能的出现。

中国是世界文明古国中唯一没有中断文化传承的古国(苏东海,2002),在文化占据优势的生活中,人们现实的生活关系从传统的禁锢中释放出来,为了满足其文化需求,远离其惯常居住地以旅游、参观、游览等种种方式获取信息与知识,将学习融入人们旅行游览的全过程(邹统钎、吴丽云,2003)。特别是伴随着大众旅游的不断兴起和推进,博物馆旅游被认为是智慧与心灵的体验和旅程(Kirshenblatt-Gimblett,2000)。然而,即使博物馆展示的文物本身都是真实的,但也不能称之为"物的真实",因为他已经离开了原始的环境,被剥离了原始的含义（Lowenthal和Anderson，1989）。另外，在大力提倡保护非物质文化遗产的背景下，作为与人们日常生活紧密相连的民俗一旦成为非物质文化遗产，便从其生存的文化环境中剥离出来，进入被生产、被重新建构的过程（刘晓春，2008a）。当今世界博物馆都极为重视的是如何将展品或无形文化的物质载体中蕴涵的信息传达给观众（刘若楠，2011），其中更多涉及理解、信念和认识的过程。（Chhetri、Arrowsmith和Jackson，2004）。因此，社会结构的变迁带来的影响使人们需对本真与非本真进行重新定义。

  对当代中国而言，文化遗产最初的保护形式当属博物馆（孙九霞，2010），不论是物质文化遗产，还是非物质文化遗产，必须实现无缝衔接。除了当时的主客观条件对它们的有机结合外，现在能对其进行正确解读和认识的途径，主要还是博物馆（赵冬菊，2006）。人之文明，无文象不生，无文脉不传。物质性就是文象，非物质性就是文脉。（苑利和顾军，2009）。博物馆以收藏实物、展示实物的方式实现文化遗产自身的价值。然而，任何一种物质文化遗产，都蕴涵着"非物质"的一面；同样，任何非物质文化遗产中也都含有"物质"的成分，二者具有千丝万缕的联系。在这里，非常有必要指出的是，本书所指的"非物质文化遗产"并不是简单地将文化遗产割裂成物质文化与非物质文化而孤立对待，而是遵循文化研究的路径和研究上的方便，将文化遗产解构为"物质文化遗产"与"非物质文化遗产"。近年来，无论是在旅游景区，还是在都市旅游中，博物馆扮演着越来越重要的角色（Kang和Gretzel，2012），博物馆与旅游的关系一直是博物馆学界和旅游界研究的内容（戴昕、陆林、杨兴柱和王娟，2007）。从博物馆旅游文献收集上看，Beverl和Farrelly（2010）就曾指出，对博物馆旅游的大部分研究集中在展品吸引力有效性上面；Blud（1990）也认为大部分博物馆由于太重视展品的有效性而忽视了参观的本质，即参观体验。综观我国博物馆的发展，尽管我国目前的博物馆数量在急剧增长，但人们参观博物馆的热情并未随之高涨，并未形成人们的一种消费习惯（李瑛，2004）；尽管我国推行了博物馆免费政策，但从本质仍然改变不了博物馆"门可罗雀"的境地（李恒云、龙江智和程双双，2012）。是什么原因导致了这种尴尬？著名人类学家Graburn（1982）曾指出，人们参观博物馆的动机更多表现在寻求某个地方自然和历史文化的真实浓缩，从中体察与感知文化带给众人的真实情感。在有些学者质疑旅游与本真性、旅游本真性之类的预设问题是假逻辑和假命题（杨振之和胡海霞，2011）之余，"本真性"俨然已逐渐成为现代遗产保护科学的灵魂、基本观念和准则（徐嵩龄，2008）。未来的博物馆学理论关注可能需要在博物馆的"真实世界""生活世界"中去寻找出路（刘婉珍，2013）。当然，我们不能仅以部分人对本真性的关注来说明全体参观者对本真体验的关注，重点也不在于对这些真实情绪加以推测和定性，而是想通过研究来窥视生活中的人们是否真的体会到这些情绪或者在这些情绪中保持一致的行为（阿兰贝里，2014），参观者是否真的将他们的行为视为对现实规范的挑战。

对"本真性"的研究，最早运用于博物馆领域。当今的博物馆不仅肩负着为公众传播历史与文明的使命，同时也领受人类社会塑造未来的使命。如今本书尝试还原其研究的起点，选择非物质文化遗产博物馆[1]（以下简称

---

[1] 这一概念引自李志勇（2015）的解释：国内博物馆界对于展示非遗的馆舍有多种名称，如"非物质文化遗产博物馆""非物质文化遗产展示馆""非物质文化遗产园""非物质文化遗产保护中心"和"非物质文化遗产陈列馆"等，虽各自名称、内涵与设立标准存在细小的差异，但都是以展示非物质文化遗产为主要对象的展览空间。

"非遗馆"),作为诠释研究问题的平台;糅合"本真性与旅游本真性体验""非物质文化遗产与博物馆"两大理论,采用共通与融合的研究方法,即质性研究中置入定量研究;选择典型且极富地域和民族特色的非遗博物馆作为本书的实证研究对象,从博物馆建筑、讲解、参观行为、参观内容、参观目的方式等角度,让参观者、非遗传承人、博物馆管理者(工作人员)等回忆、理解、阐释他们对非物质文化遗产原真性的理解与本真性的参观体验;顺势借助博物馆旅游的宏观背景进一步辨识和推导普通大众对非物质文化遗产这一特殊"活"文化的自我理解和表达方式;寻求中国语境下"本真性"赋予非物质文化遗产旅游的探索意义和学术价值。非物质文化遗产维系着不同群体的文化趋向,传递着人们的思想情感、信仰和习俗,人们透过博物馆的参观体验过程,反思与体认对本民族的文化识别,从另一侧面体现和反映了博物馆公共理性和公共利益的自身价值。

第三节 探寻"真实"的图景

本研究的写作目的并非是区分参观者在非物质文化遗产博物馆参观过程中所见所闻、所思所想的真实与虚假，主旨是要了解在本真性的应照下，在博物馆这个特殊的文化聚集之地，个人、群体的话语意识和行为意识对自我的探寻，对本真自我的表达，对文化寻求的意志等方面的诉求，进而使参观博物馆体验是智慧的或审美的，博物馆还可以成为一个让不同群体的人进入沉思、冷静、反思，并且理解自我情感与动机的地方（丽贝卡·麦金尼斯和王思怡，2016）。博物馆（展示馆）也可借助这一时机传播非物质文化遗产的相关知识与理念，提高人们鉴赏水平和文化涵养，在供需双方的互动与相互促进中，实现非物质文化遗产旅游博物馆产品质量及服务水平的提高。

一、为什么要"探寻"

非物质文化遗产与博物馆的关系历来受到博物馆界的关注。传统博物馆在具备收藏、教育、研究、参观的基本功能的同时，逐步向传播古老文明、民间传统和展示现代文化过渡，并从传统的博物馆中渐渐形成独特的分支，形成了以展现某地域独特民俗民风的非物质文化为特色的非遗的博物馆，如苏州中国昆曲博物馆、云南丽江东巴文化博物馆等。它们是展示非物质文化遗产中物质形态化即有形部分的典范，并成为凝聚优秀文化传统的中心之地。本研究立于"真实性"在符合中国语境下的普适价值观的理解上来进一步研究探讨人们在宏观的博物馆旅游背景下的非物质文化遗产馆藏体系的本真性构建，同时结合人们对非遗博物馆的参观实践进行微观分析，进一步验证在博物馆情境下非物质文化遗产的文化识别过程和本真性体验，继而寻求非物质文化遗产本真性体验的大体模式以及人们在非物质文化遗产旅游中的本真性体验构成体系。

（一）理论意义

（1）本研究将对目前学术研究中"真实性"在何种程度上适用于中国旅游领域或其他学术领域有一个较为清晰的认识和判定，使这个带有西方色彩的词语在中国语境下树立某个学术领域的研究规范，从而使概念的运用更接近本土化，有效化，进而使"本真性"理论在以往纷繁的和不易把握的现象中找到一些思路和运用的轨迹，为"本真性"理论注入更多的人文关怀和理性思维，用以指导和分析旅游业发展中的诸多现实问题。

（2）借助博物馆平台展现非物质文化的物质形态过程中构建本真文化，能够明晰人们对非遗这种传承千年的民族文化在现代的博物馆展示中的体验与感受，扩充博物馆文化展示在现代与原真环境下的共建融合理论，进而丰富并健全博物馆参观体验平台下的体验模式。

（3）在全球性和现代化的视野下，帮助人们重新建立对非物质文化遗产的识别体系，让更多的人在参观体验的同时正确理解传统的本真性坚守与当代的时间性、流动性之间的合理跨越，以更为合理、科学和渐进的眼光去欣赏与对待本民族的本真与嬗变，使其参观体验更接近最初人们心中预设的本真，尝试建立人们对本国本民族非物质文化遗产展示的原真性鉴别与本真性体验的理论模式。

（4）基于以上理论的层层深入与分析，在非物质文化遗产无形的精神层面、展示过程的活态层面及外部环境的文化脉络层面，探讨非物质文化遗产介入旅游过程中原真性的展示以及人们对其本真性体验的初级理论体系。

（二）现实意义

（1）非物质文化遗产在博物馆的收藏、保护与展示手段等方面具有特殊性、严谨性，相较于传统的博物馆要求更加具有祯祥的意义。因此本研究围绕博物馆、非物质文化遗产与参观体验三者就非遗博物馆和信息与通信技术（ICT）之间的运用，即如何维持博物馆的静态展示作为增强大众保护意识的有效手段（Yoshida，2004），如何合理运用现代科技与多媒体手段让参观者亲自参与，从而影响非遗展示的效果与体验（Hwang，Lee和Chen，2005）等方面做出一些具体的评价与合理的解释，为我国非遗博物馆的展示技术在文化坚持与现代性体验之间寻找相对的平衡点。

（2）通过对非遗博物馆（展示馆）的参与式观察、专业讲解员的专业口述和对相关工作人员的调研、与相关民间非遗传承人的深入访谈及其在非物质文化遗产的活态展示过程中，立于文化供给或输出的层面对非物质文化遗产原真性展示做出较为客观的评述。同时通过与参观者以及相关文化学者的深入访谈，立于文化需求或吸收层面理解人们在博物馆环境下进行非物质文化遗产参观的本真性体验过程，并如实对这些过程进行要点提炼，利用学术研究优势，建立现实的、符合大众参观习惯的非遗体验模式。

（3）结合参观者对非物质文化遗产本真性体验的形成机理，在多案例研究的基础上，为传统文博界历来以保护物质类文化遗产的方式来保护非物质文化遗产的保护实践提出一些思辨性的解释，让供需双方都能清晰认识到传统博物馆与非物质文化遗产馆（展示馆）的本质区别与应有的内在联系，以实现双方共同推进民间和现代社会对当下非物质文化遗产的认知价值和促进价值（蔡丰明，2006）。

（4）整个过程中尽研究者微薄的力量倡导、宣传和强化关于非物质文化遗产的重要性的公众理念；鼓励每一位博物馆参观者借以"共同的需求与命运"的名义，积极、努力地发去发现非遗的现存危机，去体验非遗的弥足珍贵；在逐步接近自身民族基本体认的过程中，开启历史与现实的对话、静态与动态的糅合，让文化多样性、价值关怀、共同利益等观念细致而公正地走进每一个人的内心世界与生活实际，通过自身努力闪耀非遗文化的理性之光。

二、"探寻"什么

（1）借用西方语境中的"本真性"独特的哲学启思意义，在坚守本民族固有文化根基的前提下，思辨和追问处于东方本土语境中的人们对"本真性"的不同理解和在旅游体验场域中的体验模式。

（2）紧密围绕非物质文化遗产所具有的"活态传承"的特殊性，在传统

（综合性）博物馆保证基本内涵建设的前提下理清展现非遗文化的特殊性与局限性。在此基础上依据人们参观非遗博物馆的本质动因以及博物馆的陈设与展现是否真实如一地赋予这些动因的实现，来比较与辨析非遗博物馆与传统博物馆游客本真性体验的区别，形成博物馆非物质文化遗产真实性体验的感知维度。

（3）通过博物馆情境对非物质文化遗产原真性展示与人们本真性体验进行多维度的深入研究，为非遗文化在体现人类精神内涵的层面、展示过程的"活态性"层面，以及外部环境所面临的"文化冲击和科技更迭"等现实环境层面寻找适合人们理解、学习、体会与传承的传播方式，以此探索出影响人们对非物质文化遗产本真性体验的主客观因素，以及对这些因素介入非物质文化遗产旅游体验中形成的本真体验给予大胆的推理及预测。

（4）通过对非物质文化遗产本身的现实情怀与精神内涵的研究，为人们提供一个从社会现实的角度凝视博物馆文化的崭新视角，突破被史学家和人类学者"物证"概念遮蔽的传统博物馆文化视线（陈军科，2004），促使人们在参观互动中真实体验、深刻领悟非物质文化的精髓、传承与不同文化主体间的差异，让博物馆真正成为人们开启心智，提供知识与道义的指引之所。

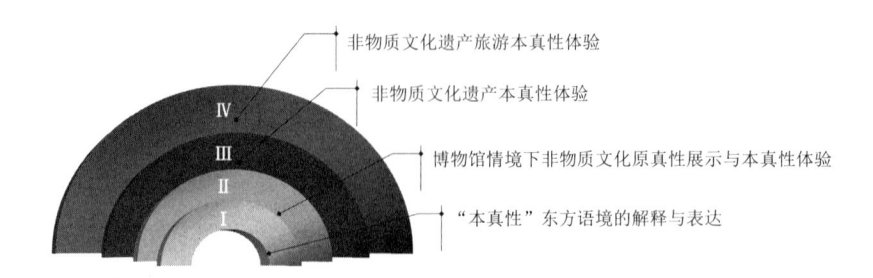

图2.1 图景内容的分解

三、怎么"探寻"

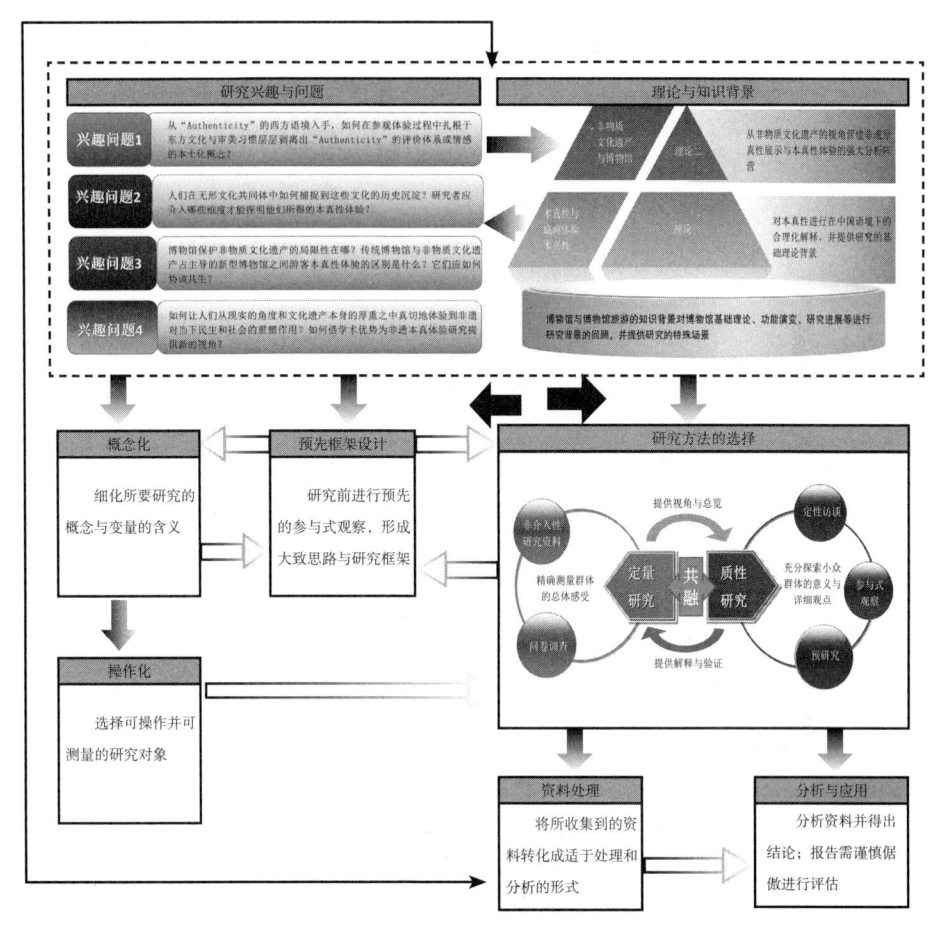

图2.2 探寻过程的路线图

四、探寻的"驿站"分布

第一章 引证

第二章 走近：掀起"真实性"的面纱

本章主要是在分析研究背景的基础上导出研究问题，并对核心问题进行

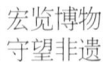

总览式陈设，描述本次研究中使用的理论与理论主张，从而确定研究目标，明确重要的理论意义与现实意义，总概文章结构与研究过程的技术路线。

第三章 环顾：博物馆旅游中"真实性"的表里世界

本章设立文献背景与中心理论，目的是将理论置入可解释的情境下——展开，层层深入。文献背景即知识背景是博物馆与博物馆旅游。文章涉及博物馆情境下参观的本真性体验研究，以博物馆与旅游体验为知识背景，从博物馆基础理论、功能演变、研究进展、博物馆与旅游体验本真性的关系等角度进行研究背景的构建，给予论点演绎的舞台。本研究的第一大理论是在研究问题范畴的历史背景下，借助相关文献对本研究中心问题既有的知识和理论贡献进行逐一梳理，进一步理清理论与本项研究的关系，寻找本项研究的依据与合理性。文献首先紧密围绕"本真性"牵涉的不同语境，从文化遗产领域和旅游互动体验领域将该词义放在研究背景与研究内容的严格审慎之下，选择相对正确与合乎解释范畴的中文释译，即本文研究起点；然后对"本真性"概念的学理进行辨析，重点探讨为何要寻求"本真"以及"本真性"在东方语境下的合理性解释；紧接其后对旅游本真性体验的研究脉络与理论进行梳理与归纳，从中搜寻构成该研究核心框架下"本真性"理论的合理"输出路径"，形成文章的核心理论背景；对"非物质文化遗产与博物馆"（聚焦旅游领域）文献回顾从非遗的视角营建非遗原真性展示与本真性体验的强大分析阵营。该部分主要集中于对非物质文化遗产的历史脉络及概念界定、非物质文化遗产与博物馆两者之间的关系、博物馆情境下非物质文化遗产原真性辨识与本真性体验三方面进行详细分析。通过对以上知识背景与核心理论的分析与总结，顺势引申出四大中心问题，为后续的研究过程、资料数据收集、分析路径提供了明确的参照与指引。

第四章　钥匙：文化人类学方法

本章主要涉及研究方法：基于研究目标与设计的问题，本项研究选择采用社会科学研究界"文化人类学"方法之一的"质性研究法"，配以合适的数据搜集手段、取样方案与分析（测试）管理方法，最终通过研究者和被研究者之间的互动对其行为和意义建构获得解释性理解（陈向明，2008）。本章首先进行研究设计，包括思维方式、研究方法选择与研究者角色意识定位，对研究方法的理论依据与现实依据给予充分的说明；确定一手资料与二手资料获取的合理途径；对主体研究对象，即非物质文化遗产博物馆的类型进行选择；专门针对研究方法，即"定量研究融合入质性研究"给予详细的分析与说明，目的是赋予一手资料与二手资料所得的应答性数据更多的背景、场域和个人经验的脉络（质性分析）——先用定量研究组件剖析研究问题，然后用质性研究组件解释定量研究的结果，以实现两个研究阶段互相支撑；主要聚焦于对研究结果的效度与信度的保障，将通过描述型效度、解释型效度、理论型效度三方结合予以效度方面的保证；通过保证调查问卷的有效性、多案例研究、SPSS和VNIVO定量与定性数据分析软件的结合等提高研究的可信度与可靠性，从而确保研究信度。

第五章　显现：从展示到体验

本章主要论述研究发现与研究结果。对研究目的与研究方法进行重申，以图表形式表示出搜集到的数据，并对分析结果进行详细阐述。同时将分析研究的发现放置于行业背景中进行探讨，以此来进一步诠释本次研究对现实的指导意义。

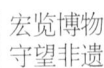

第六章　探究：博物馆非遗原真与体验本真

本章主要对研究的结论进行深入探讨。基于研究发现与结果对非物质文化遗产博物馆在针对参观者如何更好地获取本真性体验提出相关建议和改进措施，并务实分析措施的合理性与应用前景。

第七章　审思：诘难与文化自信

本章主要是对该研究主题的意义与未来研究的机遇进行展望；对本研究的研究方法进行重新回顾与审视；对未来的研究重点与研究结果的运用提出相应的规划与局限性上的剖析，并在此基础上从温州地方非物质文化遗产视角，从文化遗产资源、价值认同与工匠精神三方面共同探讨非物质文化遗产的时代性特征与地方文化自信。

第三章 环顾
——博物馆旅游中『真实性』的表里世界

很多时候，人们会持质疑和嘲弄的态度来评判游客到达旅游目的地后在墙头或壁前刻（写）上"到此一游"的行为。如果我们站在旅游符号学的角度来看待此举动的话，便会捕捉出此行为背后的某种"邂逅"。不可否认，在旅游过程中，人们评价某地的文化、纪念品或是节庆是否"真实"，往往不是因为他们完全或部分了解此地文化的内涵或产品、节庆所指的意义，而是因为它的"不寻常"和"特别"。因此，对游客来说，差异化成了"本真性"的一个标志（Sharpley，1994）。在科纳（Culler，1981）看来，游客想看的或乐意接受的"真实"其实是不同于他们日常生活的，甚至超越日常生活体验的，是可以在他们返程后回忆起来的某些片段。更直接地说，旅游活动是对某种代表性符号的寻找。这些符号（标志）提示哪些是值得看的，哪些是真实的，即这些必须先被符号表示出来，成就一个著名的旅游吸引物，如长城、故宫之于北京，西湖之于杭州，卢浮宫之于巴黎。也就是说，在旅游中，只有被某种方式证明过是真实的，才可能说某段旅游经历是真实的。然而具有讽刺意味的是在现实旅游地中还存在着更接近现实意义的"本真"吸引物未被标识出来，如博物馆中的收藏物、非物质文化遗产的物质性展示。正如Lowenthal所说的：每一个文物或藏品在博物馆展出的都是一个假象，因为它们脱离了最原始的环境，其本来的含义就已经被扭曲了。于是，游客再一次在现代旅游中掉进了旅游工业为其设计好的"本真性"文化的主题剧院里（王宁、刘丹萍和马凌，2008）。那么，在这个剧院里，人们是否还有必要对古老而脆弱的文化遗存给予充分的尊重并进而寻求本真的体验？是否还有必要对我们的过去以及传统分崩离析的最后留存给予重建并赋予现代意识？本章借助相关的知识背景与文献，以及前人的学术研究，找寻充分解答这些问题的理论支持和相关逻辑。

第一节 博物馆与博物馆旅游

中国是世界文明古国中唯一没有中断文化传承的古国（苏东海，2002），其文化的源远流长与博大精深造就了当今人们在生活中寻求文化归属与认同感的最终归宿，如我国学者王宁所言："我的文化令我如此思考"。当旅游成为大众生活的必需品，学习各地方各民族文化便融入了旅游者旅游的全过程（邹统钎和吴丽云，2003）。人们赋予文化独具的心路历程，远离其惯常的居住地，通过远足、探险、参观、旅行等方式逐渐让文化旅游成为一门生活的艺术。许多不同的旅游活动都属于文化旅游的一部分，博物馆就是最受欢迎的文化旅游吸引物之一。Graburn（1982）曾指出，人们参观博物馆的动机更表现在寻求某个地方自然和历史文化的真实浓缩，特别是伴随着大众旅游的不断兴起和推进，博物馆旅游被认为是智慧与心灵的体验和旅程（Kirshenblatt-Gimblett，2000）。近年来，博物馆与旅游的关系一直是博物馆学界和旅游界研究的内容（戴昕等，2007）。本研究涉及博物馆情境下参观体验的真实性研究，以博物馆与博物馆旅游体验为本研究的知识背景，从博物馆基础理论、功能演变、研究进展与博物馆旅游体验本真性的关系等角度进行分析。

一、博物馆基本概念与功能演变

Museum一词从词源上分析是一处专门供奉缪斯女神的地方，收藏实物和博物馆的关系可以追溯到文艺复兴时期（史蒂芬·康恩和傅翼，2013），开始作为博物馆的固定表述始于17世纪后期，提出博物馆是贮存和收藏各种自然、科学与文学珍品或趣物艺术品的场所；自1683年英国牛津阿什莫尔博物馆的建立开始，它被广泛用来表示收藏和展出历史古物、艺术品和自然标本的一种机构（谢开，2014）。美国博物馆协会曾编著《博物馆的道德准则》，并明确指出：所有的博物馆通过收藏、保存和解读世界各地的实物，为公众做出独一无二的贡献（史蒂芬·康恩和傅翼，2013）。

（一）博物馆发展中的三次"革命"

世界博物馆在19世纪后经历了三次革命性运动。第一次始于19世纪末，这一时期的变革使博物馆从单纯的收藏功能逐渐转化为社会服务功能。第二次革命发生在20世纪中叶后的20年，这时期主要围绕其教育功能的再认识展开，并对博物馆定义进行多次修改和完善。1974年，国际博物馆协会在哥本哈根召开的第十一届会议确定当前国际上通行的博物馆定义：博物馆是一个不追求营利，为社会和社会发展服务的公开的永久性机构。它为研究、教育和传播、欣赏的目的，对人类和人类环境的见证进行收集、保护、研究、传播和展览（施怀德，2006）。20世纪80年代后，博物馆第三次革命聚焦在博物馆与其他社会管理部门相互配合和分工的问题上，使博物馆在社会服务上拥有了更多直面大众的自由。

（二）博物馆发展中的功能延展

自1992年开始，国际博物馆协会为博物馆日赋予主题。2009年世界博物馆日的主题为"博物馆与旅游"，预示着博物馆从传统的收藏、展示、研究功能逐渐向休闲、娱乐、教育等功能转变，博物馆在大众休闲旅游的环境中将成为新兴的、备受瞩目的旅游吸引物和旅游资源，吸引着更多的人群参观、探索和求知。从1999年开始，《中国旅游年鉴》在"旅游相关行业"专列出"博物馆业"；2008年，中共中央宣部、财政部、文化部国家文物局联合下发《关于全国博物馆、纪念馆免费开放的通知》，使博物馆服务于社会的功能得到完全的释放和展现；2010年，国家旅游局、国家文物局共同签署《旅游发展与文物保护战略合作框架协议》，使处于固态、静止的文物走出研究和珍藏的原有格局，在文物原有的特殊禀赋上注入旅游与参观体验的普适性价值。

可见，博物馆从早期代表着精英文化所具有高度的私密性和排他性，到19世纪末期教育与公共服务成为主要职能；继而20世纪，博物馆被赋予了保护、诠释和科学研究的重任；再到21世纪的博物馆，体验演变为最重要的职能，对其功能的认识存在不断加深的现象（姜楠，2011）。博物馆已经从收藏人类不断消灭的物体，变为保护收藏人类不断变化的文化精髓，成为人类长河中的一道堤坝，守护着日渐消失的文明和古老稀有的习俗（杨秋，2012）。赫施霍恩博物馆的资深总监斯蒂芬·威尔认为，博物馆最终目标在于改善人们的生活（丽贝卡·麦金尼斯和王思怡，2016）。

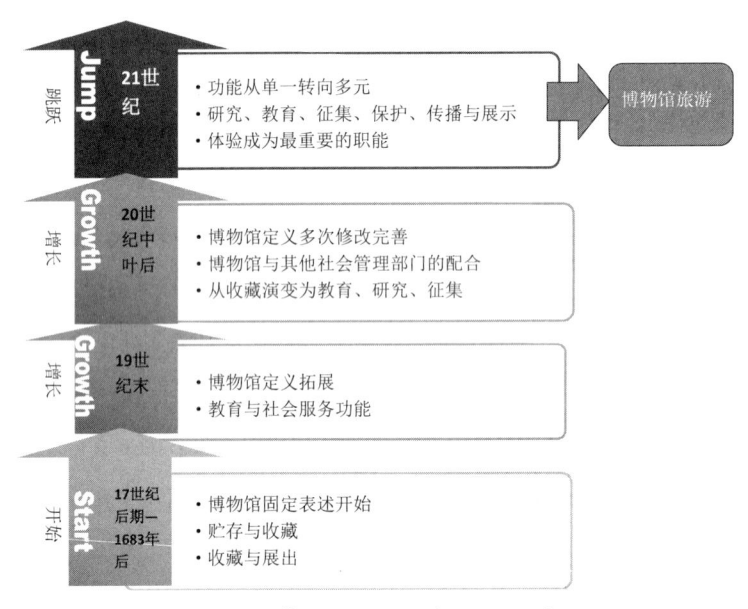

```
Jump 跳跃   21世纪        · 功能从单一转向多元                    → 博物馆旅游
                         · 研究、教育、征集、保护、传播与展示
                         · 体验成为最重要的职能

Growth 增长 20世纪中叶后  · 博物馆定义多次修改完善
                         · 博物馆与其他社会管理部门的配合
                         · 从收藏演变为教育、研究、征集

Growth 增长 19世纪末      · 博物馆定义拓展
                         · 教育与社会服务功能

Start 开始  17世纪后期—   · 博物馆固定表述开始
            1683年后      · 贮存与收藏
                         · 收藏与展出
```

图3.1 博物馆功能的起始与延伸

注：根据戴昕、陆林、杨兴柱和王娟（2007），陈琴、李俊和张述林（2012）整理。

二、博物馆旅游研究现状

博物馆旅游起始于20世纪西方国家，自70年代开始博物馆开创了与旅游业密切结合的局面，成为国内外逐渐兴起的一种旅游形式。它使旅游活动由一般的游览观光上升到高文化含量的游憩活动（戴昕等，2007）。在旅游景区中，博物馆扮演着越来越重要的角色（Kang和Gretzel，2012）。因此，围绕着博物馆旅游的研究也逐步兴起。戴昕、陆林、杨兴柱和王娟（2007）通过综合分析指出，国内外有关博物馆旅游研究的数量相对还是偏少，国内博物馆旅游研究的重点在博物馆旅游者行为研究和博物馆旅游影响研究。

（一）西方博物馆旅游研究

西方博物馆旅游研究主要集中在功能的演变及游客身份的转变（Awoniyi，2001；Davis，1990；Jenny，2001；Stephen，1996；Zahave，1999），即博物馆除原有的珍藏、参观功能之外，增加了教育、研究等多项功能。Macdonal和Fyfe（1997）、Weil（1999），都普遍认为博物馆正"以物为中心"转变为"以人为中心"，并应满足人们的实用性需求。

旅游者行为研究包括博物馆旅游者分类（Hood，1983）、旅游者群体需求（Booth，1998）、心理及行为特征（Kirchberg，1996）、潜在旅游者决策模型（Davies和Prentice，1995）。

动机研究。Harrison（1997）指出，到博物馆的动机是逃离平凡及枯燥的生活去体验博物馆，学习博物馆文化充实自己（Mclean，1994）。据夏威夷毕夏普博物馆对不同群体参观体验的调查结果显示，"当地好的去处"是博物馆，是构成对他们吸引力的最重要因素，而这个因素可以通过博物馆所拥有的性质、特征和历史得以显现，成为博物馆最优的品质特征。Jansen-Verbeke和Rekom（1996）基于动机提出博物馆相关营销战略。

博物馆体验研究及体验模型：Falk和Dierking（1992）基于物理环境、个人背景和社会环境相互影响作用来研究博物馆互动过程中的互动—体验模型；Prentice（2001）基于博物馆无形产品中真实性提出引人注目的"同心圆模型"的营销概念；Kozak和Rimmington（2000）提出的体验感知体系，Nowacki（2005）提出的博物馆游客满意度评价体系都成为当时学术界广泛引用与借鉴的学术指标。

博物馆旅游功能开发，主要体现在旅游体验功能（Davies和Prentice，

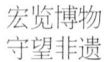

1995），构建评估旅游展示的要素体系及产品组合开发（Silberberg，1995），城市旅游环境的提升（Jansen-Verbeke和Rekom，1996），遗产旅游在博物馆中的功能（Jolliffe和Smith，2010）等。

（二）国内博物馆旅游研究态势

目前，博物馆旅游是一个相对较新的内容。国内真正关注博物馆旅游的研究开始于20世纪90年代末期，研究深度和广度与国外存在较大的差距（陈琴、李俊和张述林，2012）。我国国内博物馆旅游研究主要集中在七个方面：①博物馆功能及经营管理，章尚正、刘晓娟（2010）针对我国博物馆发展的制约因素提出突破思路，即强调历史使命感、以人为本、打破资金瓶颈与创新文化等。②博物馆与旅游的关系方面非常值得一提的是，张成渝（2011）借用村落文化景观的保护与旅游可持续发展的两种实践理论解读梭嘎生态博物馆出现的阶段性"迷失"和巴拉河乡村旅游出现的阶段性"成功"，是旅游与博物馆结合表象下的深层含义的深度挖掘。③旅游者行为与市场调查研究，李志勇（2014）借用"双因素理论"框架分析博物馆旅游的整体满意度，李恒云、龙江智、程双双（2012）以北京四大博物馆作为实证样本，分析当旅游涉入后，旅游与博物馆参观体验的行为意向关系。④旅游者需求与动机，王旌璇（2012）依据南京博物馆旅游客源市场的调查统计显示"探奇求知""休闲娱乐"成为游客参观博物馆的首要动机，体验学习和交往学习正取代博物馆传统的、单一的说教，博物馆的功能不再只是知识的传授、文化的传扬和藏品的传世，更在于与观众共享其建构和创造的意义（丽贝卡·麦金尼斯和王思怡，2016）。⑤博物馆旅游资源开发，杨丽（2003）基于博物馆与旅游业的关系，在博物馆资源的利用、共享与发展方面进行了一系列探索，如何将博物馆资源与旅游资源进行整合，形成特色文化旅游，从文化旅游的形象来定位博物馆（盘福东和盘立，2004），充分利用博物馆的旅游观光功能获得经济效益（陆建松，1997），以至于实现博物馆追求的公益性社会效益与旅游追求的社会经济效益，达到双赢（张敏，2004）的目的已构成我国博物馆旅游研究中的又一重要内容。⑥旅游产品开发，段若鹏、李秋硕（2012）选择杭州工艺美术博物馆群为研究对象，以国内外博物馆体验型旅游产品的相关理论为基础，阐述体验型产品在博物馆环境下的设计内涵与开发设计方法；任丽娜、张立明（2010）以湖北省博物馆为例，运用AESB栅格定性分析法和HERITQUAL模型定量分析综合类博物馆在开发旅游产品时应把握的理念与产品结构。⑦现状与发展趋势，林玉军（2013）从游客体验需求的角度提出文化遗产旅游开发的"大博物馆"理念，将"整体复原、空间与类型拓展"三种模式代入将来的博物馆旅游发展中。

从以上的分析来看，西方博物馆旅游研究的聚焦点集中于展品吸引力的有效性（Boisvert和Slez，1995）与游客的行为意识上，通常与文化、城市、社区、遗产旅游整合在一起，将博物馆始终纳入城市、社区文化之中，这便是西方国家博物馆的特点（陈琴等，2012）。在方法上，国外学者注重基于市场调研的数据建立分析及预测模型，或者通过长期观察个案的变化来关注整个博物馆体系的发展趋势。国内的博物馆旅游研究从单纯的"旅游"与"博物馆"二者的相互关系与共同利益契合点出发转向以"博物馆旅游"为主旨的研究导向。虽在研究起步时间上与西方有较大的差距，但在旅游与博物馆二者的研究脉络上显示出它们之间由个体到融合的变化特点，这与西方的研究步调是一致的（陈琴等，2012）。但是在研究方法、分析力度、数据使用与模式构建方面，国内的研究显得相对薄弱。

三、博物馆与旅游本真性体验

如今的博物馆不仅是城市旅游的核心吸引物，而且对于城市旅游及经济发展发挥着越来越关键的作用（Bassett，1993）。21世纪的博物馆是分享体验、寻找知识、与他人探讨文化、创作艺术以及开展其他社会活动的场所（丽贝卡·麦金尼斯和王思怡，2016）。鉴于博物馆在社会文化中的特殊地位，博物馆中的展品作为原真性的研究源头经常得到较为尊崇的展示（Trilling，1972）。当今世界博物馆极为重视的是如何将展品蕴含的信息传达给观众（刘若楠，2011），使他们参与到理解和认识的过程中（Chhetri等，2004）——找寻新奇及其背后的意义，寻找冒险，发现壮丽，分享秘密，探求奇迹和解决问题（Prentice和Andersen，2003）。中外学术界在博物馆真实性研究上不仅聚焦在物品的展示、传统的制作工艺、传统文化与习俗源头、艺术性展示（Wang，1999），而且着眼于游客"真实性"的感受，俨然已成为博物馆物品展示、设计与开发的核心（Davies和Prentice，1995）。博物馆真实性研究经历了从博物馆中对"物"的真实到对"人的参观体验"的真实。

项隆元（1995）在"物"的基础上对博物馆陈列的真实性含义做出明确的解释，认为作为展品要严循历史客观真实性；对展品的陈列设计可遵循艺术性构思，从而形成艺术真实，二者合一构成陈列真实性的基本含义。正如关昕（2007）所言，博物馆的主流研究是基于物的研究。就算博物馆展示的文物本身都是真实的，也不能称之为"物的真实"，因为它已经离开了原始的环境，被剥离了原始的含义（Lowenthal和Anderson，1989）。其实，也正是博物馆基于对物的真实性追求营造出浓郁的学习环境，往往使人感觉到压抑与不安，甚至使人感到无知（Schouten，1995）。因此，Blud（1990）认为大部分博物馆由于太重视展品的真实和有效性而忽视了参观的本质，即参观体验。

（一）西方博物馆体验真实性研究

Moscardo（1996）较早指出，真实性作为体验的基础会使其更具有自我意识性（Belk、Wallendorf和Sherry，1989）。随着人与物、人与人之间的互动发展，博物馆将成为个人发展、关系确定、社会变革和治愈伤痛的载体和催化剂（Robbins和Aydede，2008）。Hede和Thyne（2014）通过更高阶的真实性量表对博物馆游客样本进行测试后发现，当参观者在面对具体事物的真实性时显然会出现不一致性，但他们会自动调整这部分的不一致性来获得整个行程中的真实性。另外，发现博物馆中的索引和标识符号是共栖关系，并同时存在于真实之中。Steven（2010）对美国众多博物馆的调查显示，博物馆内的展品在大量地减少，逐渐被视听技术、交互技术等多媒体的运用取而代之，特别是在人类学博物馆、历史博物馆、自然科学博物馆表现得尤为明显。因此，这种改变促使作为旅游目的地之一的博物馆在形成和展现游客真实性体验的过程中发挥着重要的作用（Kim，2014）。这样也同时意味着具有解释性的这些设备与陈列物一起不仅给参观者带来愉悦和满意，而且使参观者对展品关键性的信息有了更好的掌握和理解（Milligan和Brayfield，2004；Tilden和Craig，2009）。Hede、Garma、Josiassen和Thyne（2014）从三维角度论证了旅游者及博物馆展示的物品中存在感知的真实，并同时确认游客的疑问和期待是先于旅游者在博物馆参观过程中形成的感知真实。而且这种真实性会影响他们参观的体验满意度。可见，西方学者对博物馆体验真实性的评价趋于博物馆真正履行了其解释与分享知识的职责，以使博物馆具有"3E"功能：教育国民（Educate）、提供娱乐（Entertain）、充实人生（Enrich）（徐永红，2006）。

（二）国内博物馆体验真实性研究

首先，在中国知网（CNKI）中以"博物馆真实性"为关键词搜寻到的学术论文只有七篇，其中项隆元（1995）就博物馆陈列设计方面的真实性问题提出较为独到的见解。在他看来，陈列的真实基于科学性和严循客观事实，可以通过艺术性的构思和创造形成特殊的真实。目的是把观众带入艺术营造的场景中感受陈列物本质的真实。杨丹丹、宋保平（2013）在对陕西秦始皇兵马俑博物馆实证分析基础上，构建了遗址类博物馆旅游真实性感知评价指标体系和影响旅游真实性的因素，结果表明建筑风格、建筑色彩和保护程度是衡量遗址博物馆旅游真实性的最重要指标。

其次，以"博物馆旅游体验"为关键词搜索到的论文也是少数。李恒云、龙江智和程双双（2012）基于博物馆情境，运用"旅游涉入"理论探讨起中介作用的旅游体验质量与游客游后行为意向间的关系，研究结果显示旅游涉入理论中的三个维度与博物馆游客体验质量呈显著正相关，游客体验质量对游后行为意向也具有显著影响。此研究运用了计量经济方法和结构方程模型，虽对博物馆旅游体验的相关要素和预设假设进行了信度和效度的双重分析，但对游客游后的真实行为意向仅锁定在参观后的时间点上，并未有后期的跟踪展开纵向调查与研究，从而在验证以上三者之间的关系上缺少相应的依据。盛洁桦（2016）基于"游客凝视"这一旅游人类学的理论和方法，运用约翰·厄里定义的"浪漫凝视"与"集体凝视"观点审视与探讨博物馆游客参观体验行为。该文章在理论与经验的基础上就动机与行为类型对以上两种游客群进行区分，并赋予体验行为上的表征，并未有实例来验证，缺少说服力。

再次，以"博物馆参观体验真实性"为关键词搜寻到的学术论文几乎没有。可见，我国对博物馆旅游研究虽然取得较大的进展，但针对博物馆参观体验及其真实性感知的研究相对较少（杨丹丹和宋保平，2013）。从更深层意义上来讲，我国博物馆旅游还是远落后于迅速发展的其他旅游活动（段若鹏和李秋硕，2012）。尽管我国目前的博物馆数量在急剧增长，然而人们参观博物馆的热情并未随之高涨，并未形成人们的一种消费习惯（李瑛，2004）；尽管我国推行了博物馆门票免费政策，但仍然改变不了众多博物馆"门可罗雀"的境地。（李恒云等，2012）。其实，博物馆的存在不仅仅是提供永久性保护文物的场所，更应该是提供参观者真实性体验的场所（Harrison，1997；Prentice，2001）。如果想让更多的人走进博物馆去体验这座珍品艺术殿堂高雅的氛围，从而产生一定程度的情感认同的话，那么人们本真性感知体验就当成为人们参观过程中越来越重要的一部分（Hall，2007）。正如Arnould等（2006）所建议的，博物馆的整体环境利于参观体验的形成和研究，应该成为博物馆的核心价值（Counts，2009）。国内博物馆真实性体验的研究还存在很大的提升空间，这也为本研究所要研究的博物馆本真性感知体验赋予了合理的、宽泛且可行的解释场景。同时也为国内博物馆体验研究注入新的观点与价值取向。

四、小结

Lowenthal（1985）指出，参观某一个地方会给人带来对过去的回忆。

Wang（1999）也认为人们对自我身份的建立和认同，是通过对过去文化的参观形成自己对此时空的理解和认知。近几十年来，学术界的博物馆研究归根结底为我们观察身份建构、自我认同和文化表述等问题提供了一个很好的评价角度（Marilena、Alivizatou和高菲，2013），因为"自我认同"对构成富有意义的体验极为重要（Solomon、Bamossy和Askegaard，1999）。结合麦康奈尔的观点，人们通过将体验转换成某种信念，或是人们借助体验过程对现代生活困窘感进行积极的回应，即对本真性的追求。那么，有这种需要的人们尽管在文化背景或其他方面有很大差异，但最终都会获得类似的体验，因而博物馆及博物馆旅游的研究最终还是要落脚在"参观体验的研究"上。更有学者指出，未来的博物馆学理论可能需要在博物馆的"真实世界""生活世界"中去寻找出路（刘婉珍，2013）。把原先由专家把持的博物馆标准导向的"真实性"话语权，归还于旅游者和其他相关的参与者。

第二节 本真性与旅游本真性体验

一、"authenticity"的中文释义

"authenticity"的词性是名词，最早起源于宗教占统治地位的中世纪的欧洲。Golomb（2012）曾指出，由于牵涉不同的语境和多层面的运用，"authenticity"是个难以定义的概念，甚至是一个备受争议和质疑的概念（Cole，2007；Lau，2010；Steiner和Reisinger，2006）。这也导致了"authenticity"在中文语境中翻译的混乱与尴尬。依据《牛津高阶英汉双解词典》（第8版），其中文解释是"可靠性、确实性"。目前学术界对其有"真实性、本真性、原真性"三种译法。纵然不乏学者徐嵩龄（2008）、赵红梅和李庆雷（2012）等呼吁在学术界对这个"舶来词"形成统一的、规范的翻译，然而从目前的情形来看，三种译法的随意性较强，有些论文阅读起来有佶屈聱牙之感，其根源往往出自学术研究者的学科偏好与主观判断（赵红梅和李庆雷，2012）。因此，本研究的起点就非常有必要先立足于对"authenticity"中译的甄别与选择，既要避免个人偏好，更应回避主观判定。在对研究主题、研究背景与研究内容的思考之下，选择相对正确与合乎理性

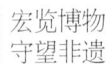

思考的中译，既是一种务实的研究态度，又是一次对西方词源给予本土化"证伪"的过程。

"authenticity"一词在中文语境中存在较早，多运用于传播学、语言学及哲学等领域。旅游归根到底是人的出游，在旅游研究领域，"authenticity"更应从人文角度，从人的文化精神、心灵追求来定义旅游赋予人和社会的特殊意义。因此，张朝枝（2008）认为，旅游研究因强调主体的实地体验，讨论主体对客体"真""假"的辨析的同时更注重其体验效果。正如美国著名旅游研究学者胡里奥·阿兰贝里（2014）所说的，"authenticity"不需要依赖于所参观的对象或者地点，却依赖于旅游者的体验，要真正理解它，人们需要一场哥白尼式的革命。本研究对此问题从研究涉及的文化遗产、主体互动体验关于"authenticity"的多种判断标准两方面来进行阐述。

（一）文化遗产领域

徐嵩龄（2008）从旅游价值观层面对当代旅游者在文化和遗产旅游中的原真性偏好进行评论，特别是对"authenticity"概念的本体意义的还原和在遗产旅游界中规范使用的必要性进行科学阐述值得借鉴。他扎根于英文的释义和"authenticity"的起源学科——文化遗产学，深入讨论"authenticity"在遗产领域与文化和遗产旅游领域的中译，如实反映了在文化遗产领域中的"真"和"原初"两个重要特性，两者合二为一即"原真性"。另外，值得注意的是将"原真性"真正引入对遗产本身价值评定及保护领域的，是1964年的《威尼斯宪章》。该宪章指出：对历史文化遗产必须尊重其原始材料和确凿文献，决不能有丝毫臆测，"将文化遗产真实地、完整地传下去是我们的责任"（国家文物局，1993）。由此可见《威尼斯宪章》是对历史文化遗产原真性最具代表性的诠释。1994年11月，在日本奈良举办"与世界遗产公约相关的奈良真实性会议"并通过《奈良真实性文件》，从世界文化的多元性和世界遗产的多样性方面第一次明确指出作为人类历史文化遗产的原真性保护原则："原真性不应被理解为文化遗产的价值本身，而是取决于有关信息来源是否确凿有效"，对所有文化的有形或无形的表现形式给予充分的尊重。此后，1995年的亚太地区会议、1996年的美洲地区会议、2000年的非洲地区会议以及2005年的《西安宣言》在某种程度上来说都是对《奈良真实性文件》的进一步补充和深化（阮仪三和林林，2003）。20世纪五六十年代"文化和遗产旅游"兴起，发端于文化遗产界对当时文化遗产旅游中"非原真性"现象的批评和质疑，从而使"原真性"进入所有文化遗产的研究领域。从这个意义上来说，原真性意味着传统的文化及其起源，意味着一种纯粹、真实与独特（Sharpley，1994）。曹娟（2007）和赵红梅、李庆雷（2012）也都认为在遗产文化领域要重点关注"authenticity"的三重内涵，即原初、真实、可信。以此为据，从文化遗产领域的角度来说，"authenticity"译为"原真性"更能体现"原初"与"真实"两个特性，与本研究的客体——非物质文化遗产是较为契合的。

（二）旅游体验领域

如果说1961年历史学家布尔斯廷（Boorstin）的《镜像：美国伪事件导览》掀开旅游研究中"authenticity"的帷幕，那么1973年社会学家麦康奈尔（MacCannell）《旅游者：休闲阶层新论》中提出的"舞台真实"无疑使这一概念更鲜明耀眼，备受旅游研究者青睐，并一度成为旅游研究中的核心议题，在科恩看来，是一个"惊人的创新"（阿兰贝里，2014）。MacCannell（1976）指出当今世界旅游者在逃避失范的现实世界中寻找一种

"authenticity"的体验。这种体验是深层的、高强度的，或难以言说的瞬间性生命直觉或情感（谢彦君，2005a），是人们在互动中主动选择和创造的结果，并通过特定的行为和符号来表现、传达和显示（张兵娟，2012）。这里必须要思考的是，以何中文字眼才可能在较为准确理解的基础上不偏不倚地传达"authenticity"在旅游者与客体互动过程中获得的这种体验，以及这种表达在整体上是否符合中文语境下人们持有的文化观赏体验心理。王宁（2014）的研究显示：生活在中国语境下的人们普遍认为原件并不是最重要的，取而代之的应是"意境"，它不但存在于美术中，而且已扩展成为一种普遍的文化体验模式。那么，完全将这一含义运用到旅游情景中又是模棱两可的（朱健刚，2012），因而寻找"authenticity"相对正确的中译显得尤其重要。

在目前旅游研究的文献中，较多学者运用"自我本真""存在的本真""本真性体验"来传达人们与旅游客体互动中产生的情感体验。不是因为他们找到了对象的真实，而是因为通过这些活动能使人从每日看似简单的生活约束中脱离出来，丰富了精神世界，实现了自我价值，找到了最初、最真实的自己（曹诗图，2008）。在《新华字典》中，"本"意味着"根本、本身"；"真"意味着"清楚、本性、本源"。这与"authenticity"在《韦氏新大学词典》（第9版）中的解释original（原初的）是一致的。因此，选择"本真性"即是"本源"与"真"的全然阐释。张成渝（2012）认为相较于"本真性、原真性"，"真实性"并未有学术上的先天优势，特别是游客从最初产生动机到付诸行动的体验这段历程中存在着"最初（本来）"，即时间的概念和信仰、意愿的方面。Sharpley（1994）就曾指出，在区分一段无形旅游体验的真假时，本真性是个相对的概念，是与其他相对不实的旅游体验比较而言的。因此使用"本真性"一词会有效规避使用"真实性"译法所带来"非真即假、非白即黑"这种简单的二元论产生的直线性、命题式的思考模式。Handler和Saxton（2009）也表达了类似的观点，他们认为：一段实实在在的经历是旅游者感到自己接触到了"真实"的世界，同时在这一过程中发现原来的自己的一种体验和经历。另外，赵红梅和李庆雷（2012）的研究中特别指出，如果"authenticity"涉及旅游主体，即游客的体验，那么"本真性"最为合适，"真实性"次之，而"原真性"则显别扭，谁也说不清体验之"原"是什么。还需特别指出的是，"authenticity"在国内旅游研究文献中较多地被学者译为"真实性"，甚至是一种约定俗成的译法。然而，针对这样一个研究与应用都非常蓬勃的问题，概念却是多样与模糊的，在精准对译与约定俗成之间，本研究毫不犹豫地选择了前者。

Cohen是一位深受MacCannell影响不遗余力探究"authenticity"的学者，他发现将"authenticity"带入旅游研究有其基本的困难性，首先就是对该问题的探讨已经成为一种哲学概念（Cohen，1988）。哲学最重要的特质在于思辨和追问，每个人都会从自己的角度来诠释本真性（邹统钎、高中、钟林生，2008）。"本真性"的译法最早出现在1991年的哲学领域，王宁在他的学术研究中也坚持使用该译法（赵红梅和李庆雷，2012）。鉴于以上的分析，在阐释旅游者参观过程中的"authenticity"体验中译为"本真性"，本研究在研究主旨的指向上、论题的阐述中既立足于中文的理解路径，又得以留有较大的舒展空间和较灵活的话语权。

诚然，本研究中对"authenticity"的语境解释或许只是客观实体与主观意识的一部分，甚至只是一种表象。但所谓的"研究"就是通过一系列严谨细致的、抽丝剥茧的手段并加以适当的方法对不尽精确的表象进行一系列"本立而至道生"的过程。子曰："叩其两端而执其中"，从纯粹意义上去寻求它们各自的理。因为，质疑和创新本身就是学术精神的内在要义。

二、"本真性"概念的学理辨析

（一）何为"本真性"

近来人们会脱口而出地说到"本真"或"真实"，不论是旅游吸引物，还是旅游者感知体验，都因其特性、文化、地域等因素不同呈现出不同的蕴涵和品质。想要了解本真性与旅游之间的关系，必须先掌握本真性的含义，而且东西方不同的社会价值标准与文化心理差异使人们对"本真性"有不同的考量与判断，因此要界定它必将阻力重重（特里林，2006）。但从学术研究的思辨角度来说，对西方累积的本真性认知不应该是毫不犹豫地、机械性地接受，理应有我们自己的辨识度和话语权（赵红梅和董培海，2012）。更为重要的是，只有立足于中国文脉体系的指引，细致入微地洞察与体会本土化认知，才能使本研究的"本真性"体验更能符合本国本土民众的普世价值观，才能解开一直隐藏于西方"本真性"理论光晕中的"潘多拉魔盒"，从而才能较为准确地把握参观者的认识过程和本真体验。

（二）西方语境

"本真性"在西方语源中常常与"真诚"有着内在的联系。在西方语境中，"本真性"被道德化了（王宁，2014）。马克思的《1844年经济学哲学手稿》曾说道："我们现在假定人就是人，而人同世界的关系是一种人的关系。"如美国影片《血战钢锯岭》中的主人公道斯，就是一位能倾听自己声音的人。从卢梭和康德开始，自主性与本真性已开始分离，然而在本片中，道斯的自主性与本真性理想的糅合塑造了他对自身内在信仰的恪守和对纯粹道德价值的追求——对自己真实。歌德名著《少年维特之烦恼》最终的悲恸结局虽然暗示着主人公对自身的异化还走得不够大胆与彻底，不能体现这种孤注一掷的宇宙智慧，然而维特仍是那个努力、顽固、执着且忠实于自己的自我，是诚实的灵魂与分裂的意识的结合体。在西方的价值评判中，"本真性"意味着对自己诚实，不欺骗，不隐瞒，不虚假，更不应该屈就于邪恶或困顿从而扭曲自己的本真。从存在主义的哲学角度来思考，人是否处于本真的状态，关键要看他（她）对自己是否诚实、真挚、笃实，即真实。一个处于伪装和自欺状态的人，是很难让自身处于本真状态的。于是本真性从某种意义上就成为一种伦理道德规范，甚至在压制人性和邪恶势力的攻击和诱引下依然未能扭曲自己的本性从而忠实于自我的初衷。很显然，西方的本真性在很大程度上是自文艺复兴时期以来从伦理角度提出来的一个有关人生的规范和理想（王宁，2014），它将一种无比的道德重要性赋予一种与我自己、与我自己的内部本性的接触（查尔斯·泰勒，2012）。

（三）概念的本土化语境

对"本真性"本土化的理解可倒推到中国原始审美艺术的理念——汉文化上。汉文化不同于其他文化艺术，其思想来源仍可追溯到先秦"孔学"。孔子在塑造中华民族性格和文化心理结构上的历史地位，已是难以否认的客观事实（李泽厚，1980）。王宁（2014）也认为，与西方本真性伦理道德形成对照的中国语境下的"本真性"问题是与中国传统审美联系在一起，并存在于对中国文化的欣赏体验中，这就造成了人们或参观，或鉴赏，或定义，或评价更多来源于客观事物内在的韵味与外在的美感。原件是否真实并不重要，重要的是"意境"（王宁，2014），而非认识模拟。例如，中国优秀旅游城市的代表桂林、丽江、杭州与海南相继推出的大型实景演出"印象系列"、各大仿古与后现代主题公园的主题表演、广泛分布于我国少数民族旅游区域的民族风情展示等，或虚或实，或真或假，人们的感受器官被色彩、线条、灯光、空间、故事等形式刺激，浸染于舞台展现出的或宏大，或梦幻，或震撼的一个个能让他们想象力发挥作用的空间，把感知到的景观直观表象加以改造制作，从根本上认识和把握客体的结构特征和审美特征，将它们上升到理解的精神快感（李祝舜，1992）。正如梁微、徐红罡（2010）所指出的，中国传统的审美、欣赏观念是模糊的、感性的，具有故事性和联想性的，充满诗意化与想象力，进而促使其融于天地化育之中，感到"身心合一""情景合一""意象合一""意物合一"，这可以说是中国传统审美的诉求（李天道和侯李游美，2013）。由此可见，中国语境下的"本真性"更趋向于"建构主义本真"——多彩的、多元的、弹性的（Wang，1999）和"存在主义本真"——一个自在自为、自由自化最充沛的身心的自我（宗白华，2015）。多方构建的引人入胜的旅游场景的真实性是观者赋予其上的一种价值评价，在一定程度上满足于眼见为"实"（周亚庆、吴茂英、周永广和竺燕红，2007），而后塑造完美的心灵与本真的人生意境（李天道和侯李游美，2013）。

总体而言，无论是西方语境还是中国语境，"本真性"都是一种意识形态。然而，基于社会文化根源与历史积淀的不同，相较于西方对"本真性"问题所秉持的道德化与理想化，中国语境中的本真性问题被审美化与意境化了，对本真性的认知体验，国人更多的指向是"艺术的真实"（王宁，2014），这种审美态势必定会牵涉人们参观的心路历程和参观的本真体验，对最终形成的评价必将呈现多元的坐标和丰富的内涵。

第三节 旅游中本真性体验的研究脉络

"本真性"概念的提出实质上是学界对现代性的深刻反思（孙九霞，2011）。社会学家麦康奈尔延续戈夫曼（1959）的前台与后台区域理论，在1973年提出"舞台真实"，首次以社会人类学者的角度观察游客体验与旅游之间的关系，将"真实性"概念引入对旅游动机、旅游经历的研究之中，从此拉开国际学术界依据不同角度进行"本真性"研究的序幕，成为自20世纪60年代以来旅游社会学研究的核心概念之一，至今研究热情一直不减（唐玲萍，2015）。从最早运用于博物馆的研究，到旅游与现代性，旅游与动机、体验，旅游目的地文化与商品化，旅游与怀旧等（马凌，2007）。可见"本真性"作为一个研究术语，在相当多的领域引起了共鸣、质疑、思辨，或是争论所形成各种表达和解释，其应用价值无不是对旅游现象中的社会现实和社会问题的层层剖析和深究。涉及本研究的主题，笔者认为非常有必要对"本真性"与旅游之间的关系进行明晰且简要的梳理，从中搜寻构成该研究核心框架下"本真性"理论的合理的"输出路径"，形成研究的核心理论背景。

一、本真性研究的演进

本真性的概念最早由卢梭提出，他讲的是人的诚实、纯真，后来人们慢慢学会掩饰自己的感情，表里不如一，逐渐产生了对本真性的理想追求。由此可见，对于本真性的争论，起点源于对现代社会失真性的认识（王宁等，2008），而且对本真性的研究也是一个不断延续和推进的过程（Cohen，1988a）。

1961年，历史学家布尔斯廷《镜像：美国伪事件导览》拉开旅游中研究"本真性"问题的帷幕。20世纪70年代，社会学家麦康奈尔开创真实性研究范式。提出"舞台真实"，开始一场关于旅游中真实性的旷日持久的思辨。譬如伊科等（1986）的"超现实"、布鲁纳（1991）的"建构主义真实"、科恩（1988，2007）的"渐变性真实"与"后真实"、国内学者王瑜（2007）的"定制化真实"、陈兴（2010）的"虚拟真实"等。王宁独辟蹊径，认为旅游已经变成一种"社会事实"，是现代人对现代性"好恶交织"的反映，提出存在主义本真性。存在主义者不关心旅游客体的原真与否，强调旅游者的主观体验，强调旅游主体本真的存在状态（周亚庆等，2007），即真实是一种感觉，一种自我体验，一种本真的自我。然而，伊科的超现实概念消除了复制与原版、符号与现实之间的界限，旅游者本真体验的获得与旅游客体的本身并不相关，从而提出"后现代主义本真性"。

从研究脉络上看，从1961年布尔斯廷到1999年王宁反思性地提出"存在的本真性"，再到2012年科恩提出对本真性理论争论理应向认证本真性过程转移（唐玲萍，2015）。50多年间，真实性研究经历了客观主义的真实性—建构主义的真实性—后现代主义的真实性—存在主义的真实性。不同于先前学者对真实性的研究视角，现代学者更从一个理性多元的角度出发，跳出旅游主体和旅游客体真实性的重重怪圈和模糊不清的边缘境地，不局限于专业的一言九鼎，从不同对象、不同旅游者的体验感知来重新认识和解释真实性。特别是"后现代真实性"，独特性与唯一性成了旅游吸引物真实性产生的基础（赵红梅和李庆雷，2012）。无论是哪种真实性，学者慢慢将真实性触角渐缩，视角聚集，集中体现在旅游体验的真实和旅游客体的真实性联系。虽然国内外学者（Hyounggon、Jamal和Wang，1999；周亚庆等，2007）对本真性的理论研究发展历程做出相应的划分，但从整体而言，大部分学者认同王宁的四分法（表3.1），这四种理论即为经典理论（陈文玲和苏勤，2012）。

表3.1 本真性四大理论发展历程及总体评价

本真性类型	源起	代表人物	主要观点（特征）	关注对象	贡献	不足之处	相似之处
客观主义本真	现代社会失真性	Boorstin（1964）MacCannell（1973）	从专业学者角度依据科学和严格的标准及程序来鉴定真假，关注客体真实程度	①大众旅游市场中的"伪事件" ②舞台化真实 ③文化商品化	开创真实性研究范式并形成旷日持久的思辨	①判定是否真实的权利在专家手中，倾向于知识极权主义，旅游者的话语权被无形剥夺 ②未触及旅游体验的复杂性	二者都属于计较客体真假之间的对话
建构主义本真	修正真实性标准	Cohen（1988）Bruner（1994）Culler（1981）	真实性是社会（不同类别的立场文化空间）建构的过程；同样的旅游产品会被赋予不同的真实性	①不同背景的旅游者体验的过程 ②与旅游者印象或想象相契合的象征的真实	将研究视像转向主客体互动和主体赋予客体的一种评价；从专家学者的独立裁断向旅游主体回归，拓展并深化了研究领域	将真实性的评判权交予旅游主体显得太过于狭隘与主观色彩	

续表

本真性类型	源起	代表人物	主要观点（特征）	关注对象	贡献	不足之处	相似之处
后现代主义本真	解构真实性	Eco（1986）Baudrillard（1983）	不真实性：追求的是以现实或想象的逼真世界	①仿真世界 ②后旅游者 ③现代技术 ④人造景观	消解了复制与原版、符号与现实之间的界限，夷平真假二元对立的视域，将想象集合成旅游吸引物，为通向"存在真实性"铺设了一条外围的道路	完全抛开"本真性"研究范式，只谈眼见为实的"真"，似乎重新将旅游者视为Boorstin（1964）所认的旅游机构下的"伪事件"和"文化毒药"	二者都放弃对客观物是真假的依赖，转向活动中寻找真正的乐趣与自我
存在主义本真	寻找本真的自我	王宁（1999）	存在性本真与旅游客体是否真实并无相关，而是旅游者借助于旅游活动激活潜在"成为"的存在状态，从而寻找本真的自我	个体内部的本真性与和体与客体之间的本真性	独辟蹊径，将"本真性"研究提高到哲学思辨层次，提出"存在本真性"，拓展真实性研究的内涵	将本真性研究带入哲学思辨领域，虽触及旅游本质，但使问题变得更为扑朔迷离	

资料来源：作者根据Cohen（1988）、王宁（1999）、赵红梅和李庆雷（2012）、董培海（2011）整理而成。

如表3.1所示，本真性研究的发展经历了从原先重视旅游客体的本真性到注重旅游主体本真体验的过程。虽然麦康奈尔（2008）曾指出，旅游者到某地旅游，目的是为了分享那里的真实生活，深入其内部了解不同的文化，是一种理想的经历。然而，当他涉及"舞台真实"这一概念时，将游客的目的界定为寻求原件（原汁原味）的真实；在客观主义的本真性研究中，不管是布尔斯廷视旅游为旅游机构操控下的"伪事件""文化毒药",还是麦康奈尔为了保证前台表演的"真实性"和"可信度",就必须保证后台的"封闭性"和"神秘性",从而提出"舞台真实",两者衡量标准都是基于博物馆情境下对旅游客体本真性的判断(王宁等,2008)——关注旅游客体的真实,即旅游吸引物是否是当地文化和民俗的原真。布鲁纳(1994)将本真性概括为四个方面的意义,即原真地呈现和真实的、逼真的、权力的象征,这更偏向于博物馆意义下的与复制截然相反的一种资格认定。本研究虽涉及博物馆参观的本真性体验,从严格意义上来说,理应要还原博物馆的研究情境和扎根于Trilling(1972)的研究理论,事实上,客观真实性的专家标准仍然被广泛运用于旅游文化产品的开发中(Asplet和Cooper,2000)。正如Wang(1999)指出的,对客观本真性的断定涉及人们对博物馆客体形成的真实体验,因此该体验是(来源于)参观者对博物馆客体识别的过程,因此,人们对博物馆中的物质与非物质的文化遗产就会有一个衡量的标准。客观本真性理论对本研究在客观为像物的识别提供了最初的价值判断。

但是,如果单纯是从独创或原始来定义本真性的话,那就太过于简单和肤浅了。在很大程度上,"authenticity"在旅游运用中的多义性不仅源于客观对象物的真实,还源于其与主观真实之间的复杂关系。Cohen(1988)填补麦康奈尔舞台真实性理论的不足,提出建构主义本真。他指出人们对参观体验到的客体并没有具体的或是严格衡量的标准,事物真实性的体现并不是来自其内在的真实,而是来自人们的观点、信仰、意识或能力的总合,而且本真性会因人的差异而有所不同。因此,这个真实性是相对的,是可协商调节的,根据具体内容或语境综合衡量(Salamone,1997),甚至形成意识形态

（Silver，1993）。

事实上，对于建构主义者来说，旅游者事实上还是在追求一种真实，然而他们追求的并不是客体上的真实（原件真实），而是社会建构出来的一种象征性或符号性的真实（Wang，1999），是由游客、旅游供给者等依据语境及各种需求建构的结果（E. Cohen，1988）被主体认识到而已（Culler，1981），并随着社会的发展演变为真正的真实。可以肯定的是，建构主义本真将研究转向主客体的互动和主体赋予客体的评价，从专家学者的独断转向旅游者的回归，完成了旅游本真性认知主体的转向（董培海，2011），使旅游主体具有更多的话语权。事实上，旅游者追求的本真以及本真体验是由各种参与者，如市场代理商、提供解释的向导以及旅游者自己等共同建构和生产出来的，并不是单单指完全的本真或是直接的经历（Hughes，1995）。人类的文化被人们表述时，经历了从发现、再现到建构的过程（刘晓春，2013）。博物馆在展示这些文化遗产中虽存在着解释真实的话语权威，但是博物馆的建筑风格、展示主题、氛围营造、内容铺设又绝不能脱离文化理应有的宏大叙事背景，可以说，博物馆的营建者或是设计者自身也是某种程度上的建构论者。同时兼顾了社会的价值和意义，折射出社会文化的载体（马天和谢彦君，2015）。可见，建构主义本真理论为本研究搭建了人与物、虚与实、艺术与真实的合理对话平台，为旅游主体在非遗馆参观中与客体之间就"主观价值"与"真实属性"如何动态演进提供了客观合理的解释。

如果说，"客观主义本真"与"建构主义本真"代表着旅游者价值观的知识性偏好，着眼于对游客体验原真性的追求与欣赏以及主客间的互动，那么"存在主义本真性与后现代主义本真性"代表着旅游者价值观的主体精神偏好，重视自我的体验与参与（徐嵩龄，2008）。两者相同之处是对旅游客体是否是原物、原作品的真实并不关心，典型的区别在于"后现代主义本真性"承认世界已进入"仿真"时代，没有原物作为参照，没有本源，只有代表某一特性的"符号"的抽象（Wang，1999）。其理论更多是消解了原作与复制、现实与符号、实与虚的边界，对"后旅游者"来说，独特性与唯一性成了旅游客体真实的基础，而且现代的科学技术可以使非真实的东西看起来显得那么真实，甚至超过原物，与其说是"假"，不如说是"幻"（赵红梅和董培海，2012）。人们追求的是一种超真实的"逼真"世界。当今博物馆旅游中，信息与通信技术（ICT）对参观者特别是那些具有独立性及要求提供个性化服务的人来说变得越来越重要（Gretzel和Jamal，2009；Poon，1993）。特别是根据Kang和Gretzel（2012）对博物馆参观者所做的研究表明，高科技导览系统、虚拟仿真系统能丰富人们的参观体验，特别对知识的储存和对博物馆物品的关注度的提高有极大的帮助。

"存在主义本真"对客体的真实与否虽然也持置若罔闻的态度，但其较前者在主体及主体间的活动体验中注入更多认知，获得更多的情感，这样他们自己就会从中感受到更多的真实、更自由的自我表达。不是因为他们找到了对象的真实，而是因为他们通过这些活动能从每日看似简单的生活约束中脱离出来并升华为寻找"本真的自我"的精神世界和存在状态（Wang，1999）。Sartre（1999）指出，要想让自己成为真实的，人们需要按自己的意愿去行事。在多种可能性的前提下能保持自己选择意愿的意志力，是一种忠实于自我，与他人毫无芥蒂的感觉；一种在共同归属中达到极致的感觉；一种"真正活着"的感觉（Cary，2004）。这里可以显示出王宁（1999）提出的存在性真实的两个表现维度：内心真实与人际真实，这些维度都可以在旅游、参观中得以实现。Kim和Jamal（2007）通过对美国得克萨斯州文艺复兴节（TRF）的调查发现，定期并多次参与这个节日的人所形成的严肃与忠诚行为正是对海德格尔式的自我存在感的一种强有力的验证，特别是对"自我期望"的重建，就验证了王宁以上两个表现维度的存在。而且，Yi、Lin、Jin和Luo（2016）从存在主义视角研究游客在中国广东开平文化遗产地如何审视自己所处旅游地的原真性，以及这种遗产的原真性对他们的旅游忠诚度的影响。研究同时也印证了内心真实与人际真实确实存在于遗产旅游过程中，并发现内心真实对目的地忠诚度产生实质性影响，而人际真实反之。可见，存在的本真不是某一外部力量和他人强迫的结果，而是从内心里喜爱这种生命的存在状态（曹诗图，2008）。因此，存在性本真是本真性体验中与众不同的一种体验，更像是将旅途看成一段追溯"初心"与"本我"的哲学历程（谢春山和魏占慧，2016）。实际上，不仅有相当一部分的学者将存在性本真运用于旅游体验的研究（Wang，1999），而且本研究也认为"存在性本真"相较于客观本真、建构本真与后现代本真更具备清晰指出本真性作为体验的基础在博物馆情境下有助于参观主体通过"遗产式寻找"挖掘"忠实于自我的感觉"的潜力，使参观主体之于对象物更具有自我意识性（Moscardo，1996）。因此，"存在本真性"理论为本研究提供了具有提纲挈领性质的背景支撑。

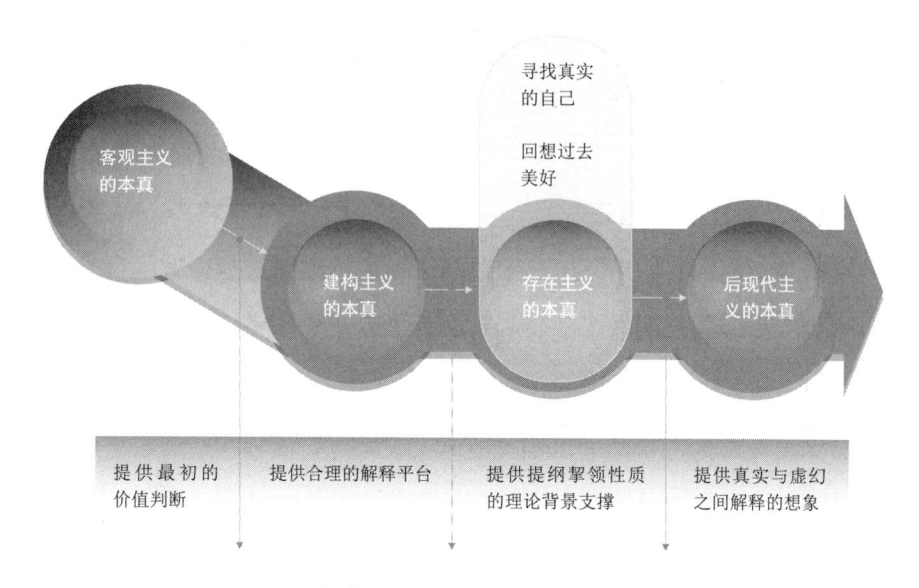

图3.2 本真性四大理论对本研究的背景支撑

二、本真性在旅游体验研究中的应用

在对本真性概念演进过程的回顾与对现实现象的反思中可以看到，虽然存在像布尔斯廷（1961）和麦康奈尔认为的旅游者追求的往往是一些"伪事件""舞台化的吸引物""商业文化"，但"本真性"一词本身就隐含着对真实性的探求（瑞吉娜·本迪克丝和李扬，2006）。旅游者出游恰恰是为了在逃避失范的现世中寻找一处真实性（麦康奈尔，2008），并因这种探求包含较多的语境与范围、情感与解释使其具有多义性且不易把握的本质（瑞吉娜·本迪克丝和李扬，2006）。因此在旅游研究中应该考虑到：客体的真与假辨析的复杂性和旅游主体辨析真与假的能力有限性（张朝枝，2008）。本书建立在博物馆非物质文化遗产参观体验本真性的研究框架上，势必需要对

"本真性"在旅游客体真实、旅游主体本真体验与旅游文化（商品化）的研究做一番回顾，以寻找该理论在本真性体验问题研究中被忽视的地方，以此作为本书后续主题分析的切入方向。

（一）旅游客体的原真

麦康奈尔在他的研究中虽然没有以非常明确的概念来界定真实性及其载体，只借用"前、后台舞台"的结构性划分，但从总体来说，也是暗示着只有当旅游吸引物被感知为真实时，旅游体验才可能是本真的（胡志毅和曹华盛，2007）。以此为主旨延伸出相关的研究领域主要体现在遗产旅游和旅游开发等。

1.遗产旅游

原真性不仅被视为对物体或对象的客观性评价，而且是遗产保护研究的一个领域（Gregory，2008；Pendlebury、Short和While，2009）。国内外专家学者一直未停止过在遗产旅游及旅游保护方面原真性的研究，更有大量官方指导规定性文件对遗产、旅游资源的原真性进行界定。从早期的《威尼斯宪章》（1964年）到《奈良真实性文件》（1994年），再到现在的《实施〈保护世界文化与自然遗产公约〉的操作指南》（2008年），无不沿袭着对旅游遗产和旅游对象物原真性的再认识、再界定；《中华人民共和国文物保护法实施条例》（2003年）、《国家级非物质文化遗产保护与管理暂行办法》（2006年）、《中华人民共和国非物质文化遗产法》（2011年）等也都是对物质及文化遗产坚持原真性、真实性、整体性保护的有力证明。旅游学术对遗产旅游景观保护中的"原真性"探讨也相当重视。MacCannell（2008）早就坚定地指出，在现代社会建立之中，对景点真实性和最终价值的隆重认可仪式，要远比观光的个体行为更重要。真实景点的最高价值是由游客的群集和愿意支付的时空距离来衡量的。张成渝、谢凝高（2012）更认为遗产的"原真性与完整性"是体现传承人类文明、反映自然界演化史两项重要使命的根本保证。Boyle（2004）也认为游客在旅游目的地寻求的是真实的、未受污染的并具有历史根基的事物，因此是一种"遗产式寻找"。然而不能忽略的是部分潜在旅游者的旅游动机便是寻找（或享受）真实而神秘的原生态文化或遗址带来的喜悦甚至惊喜交集的情感体验（王红宝和谷立霞，2010）。很明显，"原真性"或"本真性"在遗产保护领域是客体本身的衡量标准，而在旅游研究中则强调主体对实地的主观体验，在张朝枝（2008）看来，二者更应从互动关系、相互影响的过程中来看待，即不能一味地囿于关注物质材料的"原真性"保护而忽视主体的本真体验。在全球化背景下，文化的"延续性"应是面临的主要挑战（罗佳明，2010），但国内外学者就遗产旅游如何开展保护并没有展开深入的研究。

2. 旅游开发

旅游体验是被多方塑造出来的，这其中不仅牵涉旅游者，还有旅游目的地居民、开发商、景区和区域旅游主管部门等。这种"人造"的体验就面临多方构建的过程和"本真性"的拷问：在变化的状态中如何保持本色（邹统钎和吴丽云，2003），因为这些都深刻影响着旅游者体验。国外对原真性在旅游开发上的研究是从具体的现象到其内在矛盾逐渐深入的过程。Salamone（1997）、Waitt（2000）、Fawcett和Cormack（2001）、Knox（2008）都通过具体的开发案例，对于在不同的主题景点，甚至是相似的主题景点之间都可能通过对原有本真文化的挖掘来展示自己的本真一面，甚至可以通过塑造含蓄且有排他性的语言创造、证明，并补充自己的原真性，当然前提是要有一个较好的旅游地作为选择。但这似乎因太强调外在因素的作用而又显得不那么真实。国内在旅游开发的研究上同国外一样首先关注的是现象，但多数是不良的现象（陈文玲和苏勤，2012），即在开发过程中文化的继承性、真实性与完整性被忽视（卢天玲，2007），继而，李春霞、彭兆荣（2009）等在真实性感知的基础上提出与不同民族文化旅游资源相对应的真实性开发模式。总体而言，国内重在解决开发模式中存在的问题，国外重视原真性存在的内在机制探讨。本书涉及的博物馆非物质文化遗产，既是从遗产地旅游文化环境中脱离出来的，又是还原日常生活形态本真原貌不可或缺的文化基因。如何真实地保护遗产地，如何原真地展示地方文化，如何使这些与人们日常生活语境密切相关的传统资源不再习焉不察，不再是旅游开发商、经营商相继争夺利益主体而变得烜赫一时但生命却是昙花一现。

（二）旅游主体、利益相关者体验

本真或非本真往往是由于人们如何看待的结果以及他们自身形成的观点和解释，更像是趋于一种感情和体验（Domenico和Miller，2012；Sedmak和Mihalič，2008），因此，真实性体验是多元的，与各种旅游形式关联并形成自己对真实性体验的界定（Littrell、Anderson和Brown，1993；Pearce和Moscardo，1985；Redfoot，1984）。它是要被感知的，所以建立或集结一种情感体验就会显得尤其重要。无论是建构主义的真实，还是存在主义的真实，国内外较多学者都倾向于预设旅游者是在追求"真实的""本真的"体验，视旅游本真体验是旅游者个性化的一种判断（董培海，2011），是旅游者他们自己的信仰、期望、偏好、固有印象在旅游客体中的一种投射

（Adams，1984；Bruner，1991；Laxson，1991；Silver，1993）。这主要集中在：本真性体验因素、旅游动机、旅游行为、旅游怀旧、旅游本质等。如Yeoman、Brass和Mcmahonbeattie（2007）通过对苏格兰两处情景的再现总结出当代旅游真实性包含伦理道德、诚实、自然、具有历史根基、简单和美丽。Taylor（2001）在他的研究中提到，人们的安全感常常来源于对过去日子的追溯，是因为未来充满着大多的不确定性。参观一个地方会给人带来对过去的回忆（Lowenthal，1985）。王宁（1999）也认为人对自我身份的建立和认同是通过对过去文化地的参观形成自己对此时空的理解和认知。孙九霞（2011）站于外部利益相关者的视角针对族群文化开展原真性研究，同时也寓意着：当一种原生态文化以一种文化符号被标识、被现代性传媒发掘展示、与外界开始互动时，对该文化的"本真"判断标准来自"游客"——参观主体与文化之间的体验片段。而那些文化发现者、宣传者扮演的角色是文化事项"本真性"展示的塑造者和开发者。

（三）舞台化空间、文化遗产角度的体验

朱煜杰、邵媛媛（2015）引用Turner的"阈限"和Bhahha的"阈限空间"理论，围绕丽江古城中的"纳西古乐、印象丽江和纳西喜院"三个舞台的空间特性分析个人在旅游中本真性体验。总结出人们在从博物馆式的参观到休闲参与式的娱乐过程中，客观真实、建构真实和存在真实的价值互相依存并伴随着过程中产生的阈限空间展现不同的形式。

（四）小结

恰恰就是在这种"旷日持久"的思辨与"推陈出新"的理论研究中彰显"本真性"所特有的主观色彩、探索意义和现实价值。进一步说，本真性

已触及旅游的最终本质——体验（王红宝和谷立霞，2010）。体验贯穿于旅游始发地到目的地的整个过程，包括行为、知觉、认知、情感，明示或暗示的各种表达（Oh、Fiore和Jeoung，2007）；更进一步说，现在旅游研究中的本真性概念从原来严格的自然感官转化为人类感知状态下的体验和情感（Wang和Wu，2013）——游客感受其经历的真实（Chhabra，2010；Grayson Martinec，2004）。那么对于中国人来讲，这种情感体验到底包含什么？人们的情感体验势必是建立在对客体的观赏、审美，甚至亲自参与的过程中，之前的研究缺少在中国的语境、中国文化观赏、本民族的认知审美的根基下进行，而且过分重视实证和定量的分析，很少有描述性、哲思性的文章（曹诗图，2008）。情感体验主要是凭感觉，而感觉则因人而异，因环境而异，很难用标准化、定量化的东西来衡量（曹诗图，2008）。博物馆作为文化的集中展示地，非物质文化遗产作为"创造人类活文化"的文化，需要人们对客体展示的认识与体会、理解与阐释，注重的是经验、情感，特别是认同感的积累过程，并不是一味在学问上堆积，应抛开纯粹的教条与教育功能，用情感认同建立对其感知的本真性体验。

第四节 非物质文化遗产与博物馆

目前,博物馆工作的焦点不再只关注于物质文化遗产,而是逐渐从过去的物质文化遗产向现今的非物质文化遗产、博物馆和社区之间的关系扩展。国际博物馆协会(ICOM)的工作重心也渐渐向非物质文化遗产延伸。有学者称这一时期为"后博物馆"时代(金露和刘俊军,2015)。伴随着非物质文化遗产的物质载体不断注入博物馆整体建设,非遗在本质上所拥有的历史与艺术价值、文化与科学价值以及民族的情怀为人们提供了一个从社会现实的角度考察博物馆文化问题的视角(陈军科,2004),为本研究在以上两大基础理论的基础上营建了分析问题、阐述问题的强大阵营。

一、非物质文化遗产世界范围的回顾

"非物质文化遗产"一词最初起源于1950年日本颁布的《文化财保护法》中"无形文化财"一词,同时日本也是世界上第一个对非物质文化遗产实施活态保护的国家。"非物质文化遗产"的提出,标志着人类对文化遗产的保护范围从原有的物质层面延伸到非物质层面,具有划时代的意义(苑利和顾军,2009)。在日本极力推动非物质文化遗产保护的过程中,国际社会并未做出积极的回应,

直到20世纪60年代韩国在受日本文化遗产思潮及管理模式的影响下启动全国范围内的文化遗产保护行动，从而使非物质文化遗产保护工作成果斐然。然而，对全球性非物质文化遗产保护运动产生重要影响并且对联合国教科文组织产生直接作用从而最终促使联合国教科文组织接受这种主张的却是美国（苑利和顾军，2009）。1976年1月2日，美国第九十四届国会通过了《民俗保护法案》，为全球非物质文化遗产保护运动做出了贡献。在日本、韩国及美国相继提出的非物质文化遗产保护理念渐渐受到联合国教科文组织的重视，于20世纪70年代全面启动对非物质文化遗产的保护工作。1977年制定《联合国教科文组织第一个中期计划》，"非物质文化遗产"首次被提及，20世纪90年代开始对非物质文化遗产进行保护实践，在1989年至2003年间，先后颁布了《保护民间创作建议书》《人类口头及非物质文化遗产代表作条例》《世界文化多样性宣言》《伊斯坦布尔宣言》《上海宪章》《非物质文化遗产保护公约》等一系列公约、条例、建议案及宣言，标志着人类非物质文化遗产保护进入崭新的历史时期（苑利和顾军，2009）。

二、世界非物质文化遗产中国区域的回顾

中国对非物质文化遗产的保护与广义民俗学及民俗学家的努力息息相关。19世纪末，国内仁人志士在西方文化理论的指引下，将西方民俗理论带到中国，到了20世纪，民主与科学已成为这一时期最强音（苑利和顾军，2009），《歌谣周刊》《民俗周刊》等专业民俗周刊的创立，为当时的人们了解民间故事与民俗、民众生活与信仰等非物质文化遗产开了一扇窗。1949年中华人民共和国成立后，部分民间文化遗产在"百花齐放，百家争鸣"的文化倡导下被大

规模地调研和摸底，与此同时拉开了长达半个多世纪的中国少数民族社会历史调查，出版了规模庞大的学术调研丛书，着实有效地记录并抢救了一大批独特的表演类民间艺术和民族民俗。1978年党的十一届三中全会以后，我国文化部、国家民委、中国文联共同发起并全面启动《中国民族民间文艺集成志书》的编纂工作，标志着我国对非物质文化遗产的搜集工作渐入正式议程和正轨。自1984年开始至2008年近25年间，我国通过民族古籍抢救工程和"民间艺术之乡、特色艺术之乡"等命名评比活动大力鼓励各地对本土艺术的挖掘，有效保护了中国内地地方特色。2002年中国民间文艺家协会启动"中国民间文化遗产抢救工程"，2003年文化部、财政部等八部委联合启动"中国民族民间文化保护工程"，两项工程的启动，极大地助推了中国非物质文化遗产保护工程的全面展开。2001年5月18日，中国昆曲艺术入选联合国教科文组织第一批"人类口头和非物质遗产代表作"名单，中国成为首次获此殊荣的15个国家之一。截至2020年12月，中国列入联合国教科文组织非物质文化遗产名录（名册）项目共计42项。国务院先后于2006年、2008年、2011年、2014年和2021年公布了五批国家级项目名录（前三批名录名称为"国家级非物质文化遗产名录"，《中华人民共和国非物质文化遗产法》实施后，第四批名录名称改为"国家级非物质文化遗产代表性项目名录"），共计1557个国家级非物质文化遗产代表性项目（以下简称"国家级项目"），按照申报地区或单位进行逐一统计，共计3610个子项[1]。这不仅是对中华民族优秀传统的钩沉，极大鼓舞了中国人民的保护热情，而且增强了全国人民保护本国本地本民族独特文化遗产的决心，受到

---

[1]《国家级非物质文化遗产代表性项目名录》，https://www.ihchina.cn/project.html#target1，访问日期：2022年3月18日。

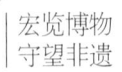

了全国民众越来越多的关注。

三、非物质文化遗产的概念界定

对"非物质文化遗产"的概念界定必须要有一个相对独立和绝对严谨的视角。原因在于"非遗"的特殊性，即"看不见""摸不着"。在社会科学这个庞大繁杂的学术体系中"非遗物质文化遗产"并不仅仅是文化现象，更是其中最为精华的一部分，是民间文学、表演艺术、传统工艺技术、传统生产、生活知识、传统节日习俗中最为精华的那一部分，整个民族需要挽留，整个人类需要担当的最为优秀的一部分。如何在纷繁复杂的传统文化事项中辨认这些精华，甄别什么是非物质文化遗产，什么不是非物质文化遗产。要想独具慧眼，就必须做出一个准确的学术定位，必须要从传承主体、传承时限、传承方式以及传承物价值等方面做出明确的限定（苑利和顾军，2009）。

传承主体	传承形态	传承时限	表现形态	品质
传承人 必须以杰出传承人为信托，没有传承人，非物质文化是不存在的	活态 必须以活态传承的方式呈现在世人面前。非活态传承者不能认定为非物质文化遗产	悠久历史 必须具有悠久历史。百年历史是非物质文化遗产的准入门槛	附会于具体表现形式 民间文学、传统仪式、传统生产知识、传统生活及文化空间等	重要价值 历史价值 艺术价值 文化价值 科学价值 社会价值

图3.3 非物质文化遗产概念的限定

注：根据苑利、顾军《非物质文化节遗产学》整理。

除了以上明确的限定之外，为了更好地加深理解非遗的概念，还是很有必要再对"有形文化"与"无形文化"这一组概念进行说明。引用王文章（2013）对此组概念的阐释："有形文化遗产"就是"物质文化遗产"，注重成形的文化产品，强调遗产的物质存在形态、静态性、不可再生和不可传承性；"无形文化遗产"就是"非物质文化遗产"，强调的是活态的遗产，注重的是可传承性（特别是技能、技术和知识的传承），突出人的因素、人的创造性和人的主体地位。此外应该明白的一点是，物质文化遗产与非物质文化遗产的区别只是相对的：无形的遗产可以由有形的符号或表征通过无形遗产思维来贯穿其中，并得以展示。非物质文化遗产中有物质的因素，物质文化遗产中也有非物质的精神价值的因素，只是二者各自强调的重点不同而已（王文章，2013）。如语言，可以通过数字音频或多媒体，传统表演艺术可以通过舞台表演，传统工艺技能可通过具体的成品，民俗节庆可以通过社区举办活动或博物馆场景再现。苏州中国昆曲博物馆、云南丽江东巴文化博物馆等，是展示非物质文化遗产中物质形态即有形部分的典范。因为，非物质文化遗产是不可能单独地作为一种意识形态而存在的，总是要通过相应的物质载体表现出来。

辨析以上的概念之后，转向对"非物质文化遗产"概念的解释，界定概念的主体主要来自国际相关机构、中国政府机构、学术团体等，解释分别来自国际公约、官方文件、团体宣言等（表3.2）。

表3.2 国内外有关非物质文化遗产的重要文件及概念解释

界定主体	概念解释	解释主体
联合国教科文组织	被各社区、群体，有时为个人，视为其文化遗产组成部分的各种社会实践、观念表述、表现形式、知识、技能及相关工具、实物、手工艺品和文化场所	《保护非物质文化遗产公约》

续表

界定主体	概念解释	解释主体
国务院办公厅	各族人民世代相承的、与群众生活密切相关的各种传统文化表现形式（如民俗活动、表演艺术、传统知识和技能，以及与之相关的器具、实物、手工制品等）和文化空间	《国家级非物质文化遗产代表作申报评定暂行办法》
全国人大常委会	各民族人民世代相传并视为其文化遗产组成部分的各种传统文化表现形式，以及与传统文化形式相关的实物和场所。包括传统口头文学以及作为其载体的语言；传统美术、书法、音乐、舞蹈、戏剧、曲艺和杂技；传统技艺、医药和历法；传统礼仪、节庆等民俗；传统体育和游艺；其他非物质文化遗产	《中华人民共和国非物质文化遗产法》

注：根据王文章（2013）主编的《非物质文化遗产概论》整理。

通过上述分析，对非物质文化遗产做如下学术上的界定：所谓非物质文化遗产，就是指人类在历史上创造，并以活态方式传承至今的，具有悠久的、重要的历史价值、文化价值、艺术价值、科学价值与社会价值，足以代表一个民族（或区域）文化，并被当地社会高度认可的，具有普世价值的知识类、技能类与技术类传统文化事项。国家级名录将非物质文化遗产分为十大门类，其中五个门类的名称在2008年有所调整，并沿用至今。十大门类分别为：民间文学，传统音乐，传统舞蹈，传统戏剧，曲艺，传统体育、游艺与杂技，传统美术，传统技艺，传统医药，民俗。

四、非物质文化遗产与博物馆的关系

在2003年前，我国博物馆功能基本囿于不可移动的文物、历史各时代的重要实物，以及艺术品、文献、手稿等移动文物的收藏、研究和保护。对非物质文化遗存未能关注和顾及（施怀德，2006）。直至2004年全国人大常委会第十一次会议表决通过了全国人大常委会关于批准联合国教科文组织通过的

《保护非物质文化遗产公约》的决定，我国由此成为这个公约的缔约国，从此全面接触和认识"非物质文化遗产"这一全新的文化概念。博物馆将非物质文化遗产纳入工作范畴是中国文化遗产保护的现实要求、是当代博物馆义不容辞的社会责任和主动寻求发展方向的体现（宋向光，2002）。继2003年10月，联合国教科文组织第三十二届大会通过《保护非物质文化遗产公约》和党的十六届三中全会提出的"可持续发展"新的发展观，旅游业顺势走入了更注重软投入和可持续发展的进程，非物质文化遗产成为我国旅游业发展的新动力（金准，2016）。博物馆作为永久性的文化遗产保护机构，对逐渐消失的非物质文化遗产保存记忆，显然义不容辞（马建军，2007）。从某种意义上说，博物馆在这方面具有特殊责任的优越条件，是不可替代的机构。中国昆曲博物馆、东巴文化博物馆、中国木雕博物馆、中国杭帮菜博物馆等，使博物馆从传统的传播古老文明逐步向展示现代人文过渡（马建军，2007），把"以物为本"的单项展示，转向了"以人为本"的多元传播（宋兆麟，2008），成为凝聚现代文化形式的中心。

世界上唯一代表博物馆和博物馆专业人员的国际组织——国际博物馆协会（以下简称"国际博协"）成立于1946年11月，是国际博物馆界最大和最有影响的组织。非物质文化遗产与博物馆的关系历来受到博物馆界的关注。2000年在德国慕尼黑召开的国际博协博物馆学委员会年会和2002年在中国上海召开的国际博协第七届亚太地区大会都以"博物馆与无形遗产"作为主要讨论主题。其中第七届亚太地区大会专门通过了以"博物馆、非物质遗产与全球化"为主题的《上海宪章》，该宪章内容对"非物质文化遗产"的解释以及其与博物馆的关系达成一个很好的且具有说服力的共识。2004年国际博协大会

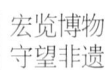

在韩国汉城（现首尔）召开，更是将大会主题确定为"博物馆与无形遗产"。2007年国际博协正式修改了博物馆定义，将非物质文化遗产保护正式作为博物馆的一项职责写入最新版本的博物馆定义。

五、博物馆情境下非物质文化遗产原真性辨识

《中华人民共和国非物质文化遗产法》（2011年）第四条规定：保护非物质文化遗产，应当注重其真实性、整体性和传承性，有利于增强中华民族的文化认同，有利于维护国家统一和民族团结，有利于促进社会和谐和可持续发展。这里的核心诉求点——求真，则是要求"非遗"应是如实反映客观自然规律，不是违心臆造的、虚假的、错误的（孟贵成和牛力静，2016）。博物馆可称得上是非物质文化遗产的传承母体（关昕，2007）。国内外学者围绕非物质文化遗产物质载体的"原真性辨识"与博物馆情境下的"本真体验"研究成果也较为丰富，但从学术研究层面上来说，首先还得要"叩其两端而竭焉"——从纯粹意义上去寻求它们各自的"理"。

（一）本质体现——原真性与世界遗产

从图3.4的结构示意图中可以看出，世界遗产，不论是物质或非物质，原真性与完整性是核心；价值辨识是本质体现，一定是有一个清晰明确依据和理论进行辨识；第三圈层是基础保障，是对遗产原真性、完整性要素的防护；最外圈层则是在前两者的基础上进行可持续利用。

国内外对遗产原真性保护的概念、理念倡导集中体现在一系列遗产保护的文件中（表3.3）。

第三章　环顾

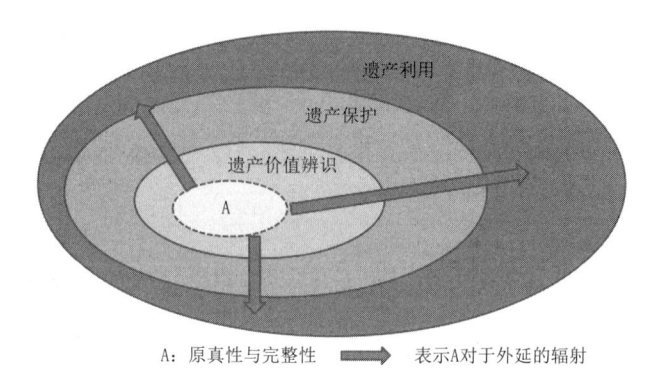

A：原真性与完整性　　➡️ 表示A对于外延的辐射

图3.4　文化遗产原真性与完整性结构关系

注：根据张成渝（2010）整理。

表3.3　文化遗产原真性在国际重要遗产保护文件中的展示

时间	文件名称	文件主旨
1964年	《威尼斯宪章》	首次确定原真性作为界定、评估和监测古迹、遗址、文化景观、非物质遗产的核心要素
1972年	《保护世界文化与自然遗产公约》	将原真性作为评判文物古迹和生态保护的基石性概念，自始至终都将原真性作为核心要点着重论述，并不断补充
1977年	《实施〈世界遗产公约〉的操作指南》	
1994年	《奈良真实性文件》	将原真性作为界定、评估和监测文化遗产、非物质文化遗产的一个本质要素
1996年	《圣安东尼奥宣言》	从原真性与其他文化载体、文化背景的角度探讨美洲国家的原真性含义
2005年	《西安宣言》	从有形到无形的文化与自然遗产等方面论证环境要素对遗产原真性保护的重要性
2005年	《会安议定书》	着重在亚洲背景下展示和评估文化遗产原真性，并对原真性相关要素进行细分和讨论
2007年	《北京文件》	对《奈良真实性文件》中文化多样性和原真性的重要补充和完善
2008年	《文化遗产地解说与展示宪章》	肯定及重申原真性的重要性，以确保游客信息接收的正确性，避免因解说不当引起的负面影响

注：作者根据相关文件及文献整理。

067

表3.3的文件中对原真性概念的认识过程是循序渐进呈螺旋式上升的态势。显示出原真性在所有人类文化遗产、自然遗产、国际遗产保护事业中的突出地位。另外，国内外较多学者也从学术领域、研究领域强调原真性在不同文化遗产类型中的作用以及对人类文化可持续发展的作用。有形文化遗产，如古村落、古遗址类等；非物质文化遗产，如工艺、美术等。这里应该注意到的关键问题是：2003年开始实施的《保护非物质文化遗产公约》为地区和国家的文化形式建立了目录，各成员国还针对本国和地区的实际建立了遗产名录，在认定与监督名录方面，公约中强调族群参与，但在现实以及新近的研究中显示，对遗产进行本真鉴定与最终确认的工作仍然由政府文化官员自上而下地执行。传统的继承者、实践者、参与者很少能发出自己的声音（De Jong，1997）。其实就认定而言，非遗生命力是由非遗的自认、他认共同决定的（宋俊华，2015）：一方面，前代的非遗实践只有被后代视为"自己的文化遗产"才能获得存在合理性；另一方面，被后代认可的前代的非遗实践，只有被代表权威的他者认可，才有发展的可能性。缺少自认或缺少他认，非遗的代际传承或是生存条件便会出现某种程度上的断裂，可见，非遗的生命力也好，原真性也罢，归根结底不仅在于物质载体本身的纯正，而且还要回归于人们的观念体认。而人的观念，特别是他认，势必要借助于具体的亲身体察和体验——本真体验。这个过程是能动的、可变的，且具有创新性的。

（二）国内外非物质文化遗产原真性阐述

非物质文化遗产既是昨天的实录、今天现实，同时也是明天的预示（刘魁立，2005）。经过长时间洗礼的、流传至今的、现今还存活着的非物质文化遗产本身一定具有其重要的民族个性，其社会价值和艺术性不可低估。非物质文化遗产在原真性、个体交流和非正式学习的体验方面具有非常突出的价值（张希月和陈田，2016），这正显示了研究的价值与意义。较多专家学者更是把目光聚焦在非遗"原真性"的适用、"原真性"传承以及非遗与原真性二者之间的博弈上。具体表现在：

1.对非遗"原真性"的担忧与怀疑

赵冬菊（2006）曾指出，任何历史的产物，不管是移动或非移动，也不论是有形或无形，其产生和存在总是要融入特定的文化内涵之中，离开这种原有的历史文化背景，其真实性与完整性就会缺失。"非遗"所特有的"活态"特性，注定了它通过"口传心授"的方式产生于人们的社会实践，又将随着历史与现实的演进和人们生活方式的改变而不断变化。特别是面对变迁社会中的民俗文化成为被欣赏、被消费的对象重新被提及时，地方民俗原有的历史背景很容易逾越成为全民族的历史性存在（刘晓春，2008b），相继成为广而告之的文化和旅游吸引物。那么，无论是学者还是普通大众都有可能会怀疑它的真实性（刘晓春，2008b），认为只是一个想象、建构的过程，对已被挖掘或正在有待于挖掘的非遗的"原真性"存在担忧。特别是"非遗"所固有的"活态性"，也使得追求"本真性"有可能只是一种美丽的"幻象"（刘晓春和冷剑波，2016）。把非遗文化放置于更广阔的旅游文化下来审视的话，周常春、刘晓丽和车震宇（2011）也一致认为旅游文化是对本身民族文化的一种"真实再现和制造"，这种再现带有一定的主观色彩，是建构出来的。

2.对非遗"原真性"的肯定与坚守

中国艺术研究院音乐研究所所长田青(2013)在接受《中国科学报》专访时肯定地认为：流传至今的非物质文化遗产即是对本国本民族文化觉醒的合理维护，更是承载民族集体记忆的文化载体，对这部分应该全面地、原汁原味地继承下来。这就要求从源头上保证非遗的纯正性（马知遥，2014）。这里说的源头，本书认为更多是指"活态"的传承。"非遗"的载体是人本身，以人为载体存在是"非遗"的核心特质（孟贵成和牛力静，2016），任何变异都会影响到作为整体的无形文化遗产（宋向光，2002）。虽然有专家特别指出非遗"口传心授"的传承方式存在很大的不确定性，其中的某些内容也许会随着现代生产生活方式改变甚至失去原有的意义，因而需要以时代变迁的眼光来看待它的"原真"，但他们也一致赞成"核心技艺和核心价值"等传承是不能随意改变的（刘晓春和冷剑波，2016）。因为它的合理性精神承载着整个民族独特的文化（齐勇、李谦和苏道玉，2012）。如果没有对当地特质文化的保留颂扬，那么与其他的旅游资源无异（Carey，2006）。正如张成渝（2004）所言：保持遗产的真实性和完整性使遗产资源得以世代传承、永续利用，这无疑是实现当代人与子孙后代平等地享有遗产价值的唯一正确选择。这也正是非物质文化遗产"原真性"的体现（赵悦和石美玉，2013）。

针对以上两者的博弈，笔者认为：旅游文化，不管是物质与非物质，纵然它是建构的、主观的，但并不意味着等同于虚幻缥缈，从而否定原真性的存在。无论人们再怎么发挥他的创造力、主观能动性，也无法回避一个问题：想象来源于事实。正如李泽厚（2009）先生所言："形象大于思想，想象重于概念，大巧若拙，言不尽意。"文化作为历史的存量，从某种意义上是不以人的意志为转移的，如此"原真"价值在文史界、博物馆界、古生物界、考古界是有着其约定俗成的衡量尺度的（庄志民，2012）。非物质文化遗产会随着时代的发展进步而变化，改变的有可能是外在的表现形式和风格，但内在的规律、精神、价值会保留并传承下来。通过各种途径为游客所感知，这实际上说明对其的保护和传承是非常必要的（程乾和吴秀菊，2014）。

六、国内外博物馆非物质文化遗产本真体验研究

赵冬菊（2006）指出，物质文化遗产和非物质文化遗产必须嫁接。而实现这种嫁接和完成这一工作的主要承担者，除了当时的主客观条件外，现实中对其解读和认识的则主要是博物馆。国内外学术研究基于博物馆平台下的非物质文化遗产体验本真性的研究也是各具特点，各有千秋。

（一）管理者与参观者角度

Chabra、Healy和Sills（2003）明确指出，人们借博物馆场情境营造参观非物质文化遗产的物质载体，存在一个普遍性的动机，那就是"怀旧"。人们认为过去的时光总是美好的，或是生活在他们生活空间之外的事项都是美好的。Chabra（2008）基于当代文化博物意识形态的基本框架，从博物馆管理者角度，通过对美国爱达荷州立博物馆的实证研究提出博物馆真实的连续性，以及管理者对其内涵的不同理解影响博物馆管理者与参观者对真实性的设计与测度，从而影响到民众参与的社会资本，同时也对博物馆参观者寻求文化体验产生重要影响。Brida、Disegna和Scuderi（2014）收回近1300份调

查问卷，用定量方法从游客认知视角分析博物馆参观体验的本真性。实证研究结果显示：被调查者的人口特征显著影响着他们对本真性的认知，并显示出较为明显的差异性，另外，对本真性的认知同时也建立在人们对吸引物特质分析的基础上，是一个动态过程。Gonzakz（2008）认为游客在参观与非物质文化遗产相关的旅游吸引物时存在三种本真性的表述：一是接近于其精神内涵；二是感到它们能代表真实的自我；三是通过活动感到自我的存在。其中"感到它们能代表真实的自我"意味着参观者通过模拟场景获得本真性体验，而且满足于这种感官的感觉（Handler和Saxton，2009）。

另外，不能忽视在博物馆参观人群中的边缘人群，即残疾人。他们是博物馆发挥其民生意义与人道主义关怀的典型体现。国外针对残疾人参观游览博物馆的研究较为丰富，而且专门为其设展览或展室。美国大都会博物馆教育工作者McGinnis在对盲人或有视觉障碍的观众进行的访谈中了解到，博物馆真实存在的作品所具有的价值使他们克服重重困难来到博物馆，哪怕他们要忍受人群的拥挤、部分展馆昏暗的光线、嘈杂的声音（丽贝卡·麦金尼斯和王思怡，2016）。可见，本真性的力量能使情感与动机战胜自身内在的缺陷。我国在这一领域的研究不仅与西方存在较大差距，而且在思想意识上还未达成相应的共识，研究内容偏向于政策的导向（马自树，1997；张微，2008）和教育的功能（白燕培，2013；谢剑荣，2003），至于针对这部分参观人群的体验研究目前在国内尚未有人涉及。

（二）博物馆自身特性和非遗传承角度

Kim（2015）以杭州工艺美术博物馆集群为个案，深入研究非物质文化遗产原真性在工艺美术博物馆的展现及设置。文章在梳理物质与非物质文化遗产展示形式的基础上，针对游客通过手工艺类博物馆提供的橱窗展示的方式获取本真性体验进行分析与探讨，总结出参观者最终获得的本真性体验是由当时政府、博物馆设计及管理者、传承人对手工艺类遗产共同协商、折中与创新的产品再造结果。文章同时强调了非物质文化遗产自然属性的改变以及博物馆在当代旅游中的角色，文章特别强调参观者希望得到的本真体验并不仅仅是源于真实的（原始的）工艺程序，还有能与传统的手工艺人进行互动，哪怕是付费学习，或者买下他们亲手制作的工艺品。Zhu（2012）通过东巴即丽江纳西族智者的代表，以主持和表演的形式为游客展示云南丽江纳西族婚礼仪式来体现其真实性，以仪式传承人的人生故事贯穿全文。文章表明东巴人对这种带有行为展示的真实性做出判断的有力依据不完全是仪式中的物或对象，还有社会的多方建构或者是表述者存于内心的感受，最重要的是以上三者胶着的情感与现实。仪式表演连接着外在的世界，这就要求这些传承仪式的人要有真实的经历，对记忆、习惯和所呈现的行为给予深刻的理解。这便是站在非遗传承人的角度来认定"行为表述"真实性的一篇典型文章。

（三）博物馆馆藏体系的角度

赵冬菊（2006）运用较多实地参观事例说明物质文化遗产与非物质文化遗产两者不可分离，由此进一步指出博物馆是实现这二者嫁接的主要承担者。收藏文物藏品是博物馆的首要职责，任何文化遗产都有其物质性。"非物质文化遗产"的概念也并未排除文化的物质侧面，非物质的内涵往往依托于特定物上。从这个角度说，博物馆的收藏物中并不缺乏"非物质文化遗产"或"民俗"所规定范畴的对应物（关昕，2007）。陈军科（2004）对全球化形势下博物馆与非物质文化遗产的文化形态提出较为哲学的思考结果，博物馆在传统以"物"为主导的文化意义构成中，不仅是为人类社会和生活提供相应的价值构成和思维方式，还应着眼于现实与未来，在反思和批判中建构公共理性和公共利益指向的博物馆文化理念。因此，要实现这一理念，不能仅仅依存于过往的实物及材料痕迹，更需要"创造人类活文化"的非物质文化遗产。然而，在现实生活中，社会公众往往把对传统博物馆的性质与特点的认知投射到非物质文化遗产的参观中。人们普遍认为只有已经失去或濒临消亡的物质才会出现在博物馆，而且馆中的收藏大多与现实生活没有太多的关联，这种认识上的偏差会使大众对无形文化遗产现实价值的判断产生偏差距离。鉴于非物质文化遗产的本质特征，如果将它展示在博物馆中的话，显然它不是一件简单的展示品，非物质文化遗产的整个系统才是其生命的本质，博物馆只是展示的一种辅助手段（Kirshenblatt-Gimblett，2014）。

从以上研究可以预见，非物质文化遗产是文化遗产的重要组成部分，文化遗产旅游是旅游研究的一个重要分支。但是，对非物质文化遗产的研究时间尚短，其相关理论也未成熟，研究成果多集中在宏观层面的定性研究，偏重于保护与利用的一般论述。而且，目前针对博物馆情境下的非物质文化遗产本真性体验的实证性研究不足也是一个较为明显的问题，从某种意义上来说，已经羁绊了当前研究的步伐（石美玉和孙梦阳，2010）。如何让非遗彰显它本身的历史价值与艺术价值，与博物馆中原有的物质性遗产互为镜像；如何让非遗发挥它本身的伦理道德价值与民族精神，与人们寻求博物的本真性体验协调共生，将是今后博物馆非遗研究领域的努力方向，也是本书研究的最终理想。

七、小结

总体来说，基于博物馆平台研究真实性的相对较少（杨丹丹和宋保平，2013），特别是选择非物质文化遗产博物馆（展示馆）来研究其原真性展示和参观者的本真性体验更是少数。传统上，非物质文化遗产以物质载体的形式放置于博物馆往往都会聚焦在物品的展示和传统的制作工艺、传统文化与习俗的源头与艺术性展示上（Wang，1999）。因此，陈列在博物馆中的展品，不管是物质还是非物质的文化，作为真实性的研究来源经常得到较为尊崇的展示（Trilling，1972）。但不得不提的现实情况是，博物馆营造的浓厚的学习氛围往往会使人感觉到压抑与不安，甚至使人感到无知（Schouten，1995），其原因是：不是所有去博物馆的人与他们自身的目标相一致，而且他们各自的参观经历都会不一样（Hede、Garma、Josiassen和Thyne，2014）。然而，最终的底线还在于至少要让部分热衷文化体验的参观者认为，他们所看到的有形文化或是无形文化的载体是一种"原真性"的文化（谢春山和魏占慧，2016）。这里更应该注意的是：较多的研究结论表明遗产文化，特别是非物质文化遗产极易造成过度开发、商业化和文化的变异，从而导致遗产的原真性丧失，最终会影响旅游者本真体验（Andriotis，2009），所以，从基于博物馆非物质文化遗产的体验感知性研究到非物质文化遗产本真性体验研究更应"仰之弥高，钻之弥坚"。

八、论点导出

通过对文献的整体回顾，可以很务实地说，博物馆旅游虽远远落后于迅速发展的其他旅游活动（段若鹏和李秋硕，2012），但博物馆体验对人们的

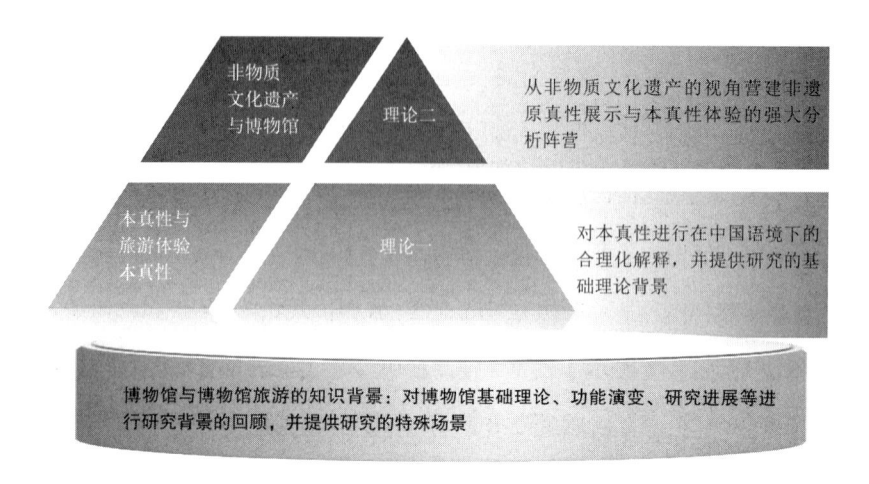

图3.5 研究的理论与知识背景

精神品质而言，是一个可以让人进入沉思、冷静，并且理解自我情感与动机的地方（丽贝卡·麦金尼斯和王思怡，2016）。非物质文化遗产作为特殊的"活文化"记忆，凝聚着人们太多的记忆点，有些甚至是个人知识的盲区。因此在这样的文化体验中，人们通过大量信息的获取与收集便能产生特殊的情感和信仰（MacCannell，2008），同时博物馆又经常给人们提供与之相对应的情境和语境，在过程中找到自己，即寻找曾经的自己（Neumann，1992）。引出问题1：从"Authenticity"的西方语境入手，如何在参观体验过程中扎根于东方文化与审美习惯，层层剥离出"Authenticity"的评价体系或情感的本土化概念？

非物质文化遗产最大的特点是"非物质性"。通常是作为一种知识、技艺、意识、概念存在于非物质文化遗产持有者头脑中，只能由艺人、匠人或是传承人通过不同方式进行复述、表演和制作。非物质文化遗产强调文化记忆，内含无限情感与生命感动（孙梦阳和石美玉，2012）。引出问题2：人们在无形文化共同体中如何捕捉到这些文化的历史沉淀？研究者应介入哪些维度才能探明他们所得的本真性体验？

非物质文化遗产的"活态"特点，揭示了博物馆在保护非物质文化遗产中存在的局限。博物馆将其中部分遗产以标本等物态方式进行珍藏的同时，不能忘却活态传承。固态、静态保护不应成为非遗保护的主要模式。引出问题3：博物馆保护非物质文化遗产的局限性在哪？传统博物馆与非物质文化遗产占主导的新型博物馆之间游客本真性体验的区别是什么？它们应如何协调共生？

本真性与旅游本真性体验理论　博物馆与博物馆旅游知识背景　非物质文化遗产与博物馆理论

↓↓↓

非物质文化遗产与博物馆本真性体验

兴趣问题1　从"Authenticity"的西方语境入手，如何在参观体验过程中扎根于东方文化与审美习惯层层剥离出"Authenticity"的评价体系或情感的本土化概念？

兴趣问题2　人们在无形文化共同体中如何捕捉到这些文化的历史沉淀？研究者应介入哪些维度才能探明他们所得的本真性体验？

兴趣问题3　博物馆保护非物质文化遗产的局限性在哪？传统博物馆与非物质文化遗产占主导的新型博物馆之间游客本真性体验的区别是什么？它们应如何协调共生？

兴趣问题4　如何让人们从现实的角度和文化遗产本身的厚重之中真切地体验到非遗对当下民生和社会的重塑作用？如何借学术优势为非遗本真体验研究提供新的视角？

图3.6　研究回顾总览与问题引申

现代一体化建设是当今社会各领域的共识,即使它融合了过去历史、自然的部分因素,但仍然是一种凌驾于过去历史和自然之上的现代性一体化。在麦康奈尔的著作中体现出这份担忧,特别是对博物馆而言,在扩大范围服务于社会的同时,也无意识地割裂了现代性与过去和自然的关系,将现代性凌驾于二者之上,那么,现代人在代表着民族个性与情怀的非物质文化遗产面前惊叹之余,更多的是匆忙游览又匆忙离去,几乎与物质文化遗产的参观模式殊途同归。引出问题4:如何让人们从现实的角度和文化遗产本身的厚重之中真切地体验到非遗对当下民生和社会的重塑作用?如何借学术优势为非物质文化遗产本真体验研究提供新的视角?

第四章 钥匙
——文化人类学方法

非物质文化遗产物质部分依托于博物馆平台展示，形成一种在历史之下与现实之中的多维建构；参观者的参观体验包含主体与主体间的情感或感受，注重自我的内心表达与存在的真实感，即本书偏向于"建构的本真"与"存在的本真"。基于这个观点，本真性体验是参观者依据自身及外在的知识和经验对其进行的价值评价（周亚庆等，2007），那么就可以采取适宜的方法，根据具体内容或语境综合衡量（Salamone，1997），给予较宽泛的衡量体系进行鉴定和评价。但这个标准远不同于布尔斯廷与麦康奈尔所认为的可以用一个绝对的标准来衡量，因为两位学者都是把真实性看作旅游客体固有的、静止的一种特性，强调绝对的真实。从本质上讲，研究有两种最基本的分类——纯理论研究和应用性研究。实际上，许多旅游研究都属于应用性研究，但并没有弱化纯理论研究的作用（盖尔·詹宁斯、谢彦君和陈丽，2007）。本研究主要选用社会科学研究界文化人类学方法——质性研究法，配以合适的观察方法、定性实地研究、非介入性研究等多种资料收集与分析方式，对社会现象进行整体性、描述性、比较性或评价性探究，并运用归纳法分析资料和形成理论，通过研究者和被研究者之间的互动对其行为和意义建构获得解释性理解（陈向明，2008）。与此同时，在质性研究中融入合理的定量研究方法以使把研究结果从样本推广到总体。艾尔·巴比（2000）曾说过，没有一种研究方法适用于所有的研究议题和情境，因为每种研究方法都有自身的优缺点。本书运用多种方法的目的是可以取长补短，尽量使最后的结果趋向于真实与有效，并经得起检验。但是需要特别指出的是，无论使用哪一种研究方法，研究过程中面临的最大挑战都在于建立理论和研究间的联系。研究过程的最终成果不是理论或资料，而是知识，是我们了解自己以及世界的一种制度化途径（Bouma，2000）。

第四章 钥匙

第一节　研究思维与方法的设计

一、思维方式

思维方式影响并左右着人们看待问题的角度与方式。演绎和归纳这两种思考方式存在于我们的日常生活中。演绎推理是从一般到个体（艾尔·巴比，2000），将一般的原理运用到特殊的现象，即将"博物馆与博物馆旅游"作为知识背景，将本真性（体验）、非物质文化遗产作为理论背景投置于博物馆非物质文化遗产本真性体验，从逻辑或理论上预期博物馆非物质文化遗产本真性体验的模式并观察这种模式的运行机理，它回答的是从"为什么"到"是否"的问题。归纳式的推理是从个别出发达到一般性。从一系列观察现象、资料收集、资料分析开始，然后在其中寻找并建立普遍性原则。即通过典型博物馆的实地考察、与非遗传承人和参观者的深入访谈、非介入性调查等多种研究方法的运用，在一定程度上给出代表所有给定事项（参观者）在特定语境与特殊场景下的博物馆参观本真性体验。最终建立非物质文化遗产旅游本真性体验的模式。本研究将演绎和归纳方法进行结合，从一定程度上来说可以寻求对事物和现象更有力、更完整的解释。

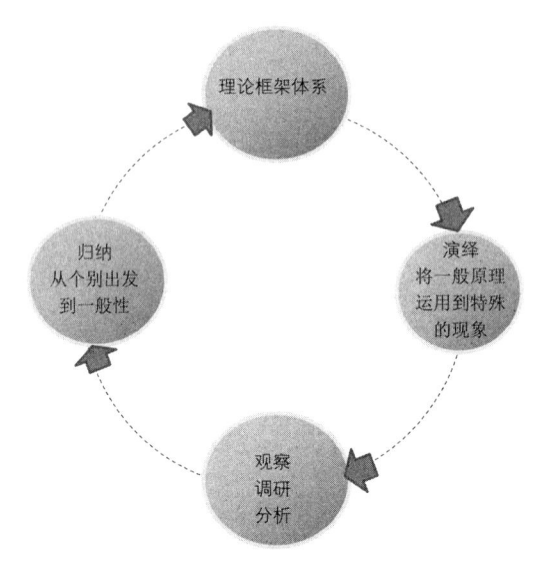

图4.1 本研究的思维逻辑

二、研究方法的选择

质性研究与定量研究是社会科学研究领域的两大范式（周春燕，2006）。质性研究提出的是总括性问题，定量研究提出具体的研究问题或假设。本书涉及的博物馆非物质文化遗产原真性展示与本真性参观体验的研究，从严格意义上来讲虽然并不涉及宏观层面的大规模的调查和预测，但也是一个较为庞杂的研究体系，因为此项研究涉及博物馆学、旅游学、社会学、非物质文化遗产学等社科类知识。如果要将这些微观层面的特殊事项进行融合并给予细致、动态的分析与描述的话，质性研究方法对研究环境、研究中心问题的把握，对资料收集的方式、研究者与被研究者的关系处理和结论形成的方式显得更具"真实性"和"可靠性"，但同时也受制于结果的可推广性缺点。因此，本研究趋向于"共通与融合的研究方法设计思路"即质性研究中置入定量研究。这并非是质性研究加上定量研究，但不管采取何种方法，都需要理论依据与现实依据来论证。

（一）理论依据

质性研究与定性研究在某些方面存在着相似之处，但前者注重在自然情境中与被研究者的互动，必须经过收集深入细致、系统的调查资料，以原始资料作为基础，在收集资料中寻找研究的意义、解释或理论的根据。这样可以避免"定性研究"中形而上的思辨方式和经验主义成分（陈向明，2000）。本项研究资料内容涉及实地观察、实地定性访谈、调查问卷、非介入性研究资料等。其中"问卷调查或数据调查"通常与定量研究联系在一起（格里斯，2011），"非介入性研究资料"可以沿用质性分析，也可以选用定量分析软件进行数据提取，本项研究中选择了8处具有代表性的非遗类博物馆，目的是通过多个案例找到类似的特质，以便进行推敲并确认因果关系（耿曙和陈玮，2013）。然而，质性研究方法对源自小众群体的研究与选取的多案例等存在较大的主观和随意性，在精确测量群体的总体感受和结论推广时存在可靠性不高的局限。同样，将经过问卷调查得出的有关"非物质文化原本性展示"与"本真性体验"因素进行统计显著性、置信区间、效应值的分析，为研究获得概括性的结果，但是在这点上还存在着如约翰·克雷斯威尔（2015）所说的潜在的隐患：得到此类结果时，研究者们对于结果产生的脉络情景并不知晓，所以还是要把这些结果放在质性研究中才可以帮助我们解释这种结果。

（二）现实依据

本研究关注旅游主体内心世界和精神世界的真实状态，强调的是人文关怀与文化精神。这种偏向于形而上的追求是人类把握世界的不可或缺的基本方式（曹诗图，2008），那么博物馆的研究融入了这些或许会将其原本固化的、短暂的个体的生命得以延长，跃升为文化成就的象征、人类知识与物质成就的特定代表；与非物质文化遗产相关的文物展示不仅要纳入人们生活的情境中，还要借助博物馆充分地传达意蕴，博物馆和非物质文化遗产二者相辅相依，从而构建出以表述为主线的"场"。因此对于"本真性"体验研究的把握就要通过一系列细致、严谨的手段和方法对不尽精确的表象进行"证伪"，从而逐步接近真实（Popper和Hudson，1989）。对于这些问题的探讨和澄清必须是将它们放置在丰富、复杂、流动的自然情境中进行考察。研究者与研究对象必须有直接的接触，在当时当地面对面地交往，甚至可以将研究者本人视为研究工具。质性研究方法可以为本项研究得到一个比较全面的解释性理解，从而寻求要探求的核心现象。但从研究的现实角度来说，是要把研究结果推向更广阔的应用领域，发挥研究的实际价值，那么不得不考虑的问题是要得到尽可能大的样本，因为大样本能更好地反映总体的特征，为总体推论留下更小的错误空间。在对本书的研究中运用调查问卷和非介入性调查研究帮助选择合适的样本量，弥补质性研究采用小样本研究建构个人视角的缺陷。因此，一定要划分定量研究与质性研究在某种程度上来说也是不自然的，最好的研究通常是两种方法都使用（King、Keohane和Verba，1994）。这里不得不指出的是，质性研究和定量研究在形式上虽然是两种迥然不同的方法，但蒋建忠（2017）经过研究得出，两种方法在认识论、方法论、逻辑推理等方面都符合社会科学研究的"科学性"要求。它们的差异性仅仅表现在研究风格以及具体的研究方法上（King等，1994）。近年来，定量研究开始为质性研究所吸纳，两者从原本"泾渭分明"的状态，已演变为如今相互共融的状态（蒋建忠，2017）。

因此，本项研究的总体思路是：侧重于质性研究的同时，将定量研究融合入质性研究中，即把调查问卷所得的封闭性的应答性数据赋予更多的背景、场域和个人经验的脉络（质性分析）细节中，先用定量研究组件剖析研究问题，然后用质性研究组件解释定量研究的结果，以实现两个研究阶段互相支撑，以期得出相对精确的研究结果。

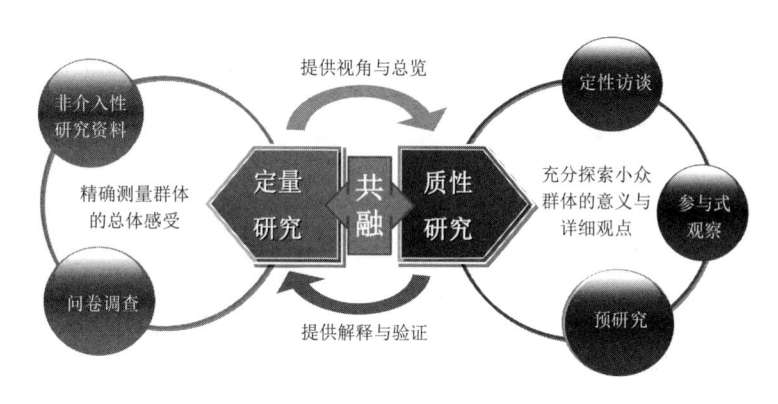

图4.2　研究方法设计思路

三、研究者角色意识定位

基于本研究特定的研究思路和研究方法，有必要对研究者本人的角色意识进行合理的定位，以确保研究过程中研究者与研究对象（被研究者）之间的合理关系。研究者的角色意识是指研究者在研究中对自我角色和功能的设计和塑造（陈向明，2000）。它规定和影响着研究者看问题的视角：应当把自己置于怎样的角色才能收集到真正反映"观者心声"的数据。这是研究方法起步前一定要辨别深思的问题。对非物质文化遗产的传承人、参观博物馆非物质文化遗产的普通大众、享有平等权利且内心渴望获取更多文化知识的残障人群的专访所得的结果将会成为本研究结论的核心部分，那么研究与被研究者之间应该是怎样的关系才能使双方保持良好的关系与良性的互动。研究中可能采用的角色如"学习者""鼓动者"或"研究者"（Glesne和Peshkin，1992）。质性研究所具有独特的"平民精神"与"人文精神"为研究者的角色定位指明了方向，即研究者把自己看成是一名"学习者"，在实地进行一定时间的观察，与此时此地的人交谈，以当事人的角度来看待问题，给他们以极大的尊重，像一名学生那样，恭敬地倾听与认真地观看，了解他们的所思所想，研究者个人的角色、身份、思想倾向与固有的观念在与被研究对象的互动过程中将被进一步审视和反省。只有这样，才有可能比较客观地看待自己的"主观意向"，使自己的"主观性"获得一种比较客观、严谨、自律的品质（Wolcott，1996）。

第二节 质性研究数据的收集

一、实地研究与一手资料

定性的实地研究一词来源于美国著名社会学家艾尔·巴比（Earl Babbie）的《社会研究方法》（2015），是指研究者在自然状况下，到行动发生的地点去观察社会生活，是一种最显著的观察方法。使用"定性的实地研究"一词，目的是使之区别于那些用来收集定量资料的方法（艾尔·巴比，2000）。虽然问卷调查得出的大量数据确实可以帮助研究者了解参观者的一般需求和影响本真性体验的各种因素，但这种方式同时也存在着无法深入探查博物馆对非物质文化物质载体部分应当在哪些展品、哪些环节、哪些氛围塑造中进行特殊的定制。毕竟，参观者满意度、影响因素等实际上还是偏向于衡量博物馆提供展品的表现上，并不是每一个消费者的真实反映，充其量不过是各种参观群（细分人群）的数据。有一点必须要明确的是，调查并不是为了数据分析、统计，最核心的诉求是要真正了解每个顾客的需求和愿望。其实很多参观者心里也很清楚，填写这些调查问卷表根本不会给自己带来多少直接利益，他们真实的表达到底有多少仍然有待于商榷和评判。那么，实地研究从某种程度上弥补了调查问卷存在的缺陷。研究最终锁定具有突出代表性的、典型的、具有一定"普遍"意义的非物质文化遗产博物馆，从中运用深入参与式观察、调查问卷与深入访谈等研究工具对相关研究问题给予层层挖掘。因为这种方法主要长处在于它能给研究者提供系统的观点（艾尔·巴比，2000）。在研究实施中，每一步都包含着对研究设计的进一步推敲。

二、观察者角色以及研究者与观察对象的关系

正如Marshall和Rossman（2015）所指出的：研究者扮演的角色包含不同的"参与程度"——完全参与和完全观察者，随着研究过程的深入，研究者也许会混合采用所有可能的方式。从这个意义上看，本人与研究对象的关系是研究情境下的真正参与者，而非研究者。这与质性研究强调从当事人的角度了解他人看法的角色定位如出一辙。更值得一提的是，将自己定位于"完全参与者——学习者"的意识角度可以相对避免研究对象产生"反应性"，即研究对象可能会基于被研究的事实而反应，从而使他们的行为与正常状态的行为不一致（艾尔·巴比，2000）。

三、预研究

预研究是指研究对象来自与正式研究时相同的地点与人群。本研究在正式启动之前，笔者曾以游客身份于2017年12月17—19日进驻海南三亚槟榔谷——国家级非物质文化遗产生产性保护示范基地从事为期三天的预研究，其间实地观察黎族传统纺染织绣技艺、原始制陶技艺在园区的活态展示；实

地访谈黎锦技艺、黎族树皮布制作技艺、钻木取火技艺的传承人。

图4.3　槟榔谷园区内当时黎族妇女黎锦技艺现场展示（预研究期间）

进行预研究的目的有三个方面的考虑。第一，对研究者来说，博物馆、传承人、参观者这些对象刚开始时是比较陌生且不易把握的，通过预研究以初步了解研究现象与对象。第二，与当事人建立初步的人际关系，为后续的深入访谈，特别是在与非遗传承人的访谈中主动创造后续再次深谈的机会。第三，研究前的一些设想绝大部分是建立在现在理论与研究者个人经验的基础上，其中明显存在着研究者自己的初步理论倾向与价值判断，容易出现"先入为主"且将理论"生搬硬套"到现象上的情况。这与质性研究要求的研究问题前设是相悖的。因为质性研究通常使用"描述性问题"和"解释性问题"，注重对现象的本相和意义进行探究（陈向明，2000）。鉴于这一点，预研究——海南三亚槟榔谷的参与式观察，提供了一个很好的与研究对象平等对话的机会，发现当事人对有关问题的看法和感受，同时更为重要的是检验自己的起初构想是否合适、自己选择的方法是否恰当、自己的心理准备做得如何，后续该以怎样的姿态出现在现场等。

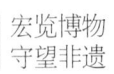

四、定性访谈

定性访谈是根据大致的研究计划在访问者和受访者之间的互动，与一般的调查访谈相比，定性访谈的基础是一组进行深度访谈的主题，而不是标准化的问题（艾尔·巴比，2000）。就研究者对访谈结构的控制程度而言，访谈可分三种类型，分别是"结构型、无结构型和半结构型"（Fontana和Frey，1994）。在本研究中访谈对象主要有三类，分别是非物质文化遗产传承人、非遗博物馆的参观者、非遗博物馆专业讲解员（工作人员）。

图4.4 定性访谈的对象

在研究初期采取开放型访谈形式，了解被访者关心的问题和思考问题的方式，然后随着研究的进一步深入，渐渐转向半结构型访谈，对前面访谈中出现的问题或疑问进一步追问。

访谈双方力求达到"以言表意""以言行事"和"以言取效"的效果（Austin、Urmson和Sbisà，1976）。"以言行事"是指说话者用语言来完成某种超出于语言的行为。"以言取效"是指说话者借助于语言来达到改变听话人的思想和行为的效果（陈向明，2000）。

第四章 钥匙

```
┌─────────────────────────┬─────────────────────────┐
│ 访谈前的准备            │ 访谈问题类型的确定      │
│ 确定访谈对象            │ 对所有选定的访谈对象采用开放│
│ 确定访谈时间与地点      │ 型、具体型和清晰型的问题类型，│
│ 设计访谈提纲（列出主要问题）│ 但根据现场实际情况不排除对残疾│
│                         │ 人群适当问一些封闭型问题│
│         定性访谈                                  │
│ 访谈过程中对话关系      │ 访谈过程的记录          │
│ 对受访者的回应方式      │                         │
│ 与非遗传承人：认可、总结与观点的流露│ 进行现场录音│
│ 与参观者：认可、重复、总结、鼓励对方│ 将录音还原成文字资料（一字不落地记下）│
│ 与博物馆讲解员：认可、重复、鼓励对方│ 视情况适当地做一些现场笔录│
└─────────────────────────┴─────────────────────────┘
```

图4.5　定性访谈的过程逻辑

五、参与式观察

Menjivar（1997）指出，深度访谈——再辅以亲自观察——可能是个非常好的方法，即所谓的"把某物作为某物而看见了"，这类活动本身就是一个既在"看"又在"想"的过程（Wittgenstein，1954）。鉴于之前对研究者身份意识的确立与预研究所做的前期工作，此时可以从完全参与者向完全观察者转变。选择中国昆曲博物馆、杭州工艺美术博物馆群（中国刀剪剑博物馆、中国扇博物馆、中国伞博物馆）、南京非物质文化遗产博物馆作为参与式观察的主要对象，以观察者身份对行为发生地的现象进行再次深入的观察。尽量做到在观察时努力排除自己的偏见和经过深入访谈后取得的前设，尽量获得客观、真实的事实和尽可能清醒的认识，从这个意义上说，也是对前面"定性访谈"后的再次验证。以此了解他们对自己行为意义的解释（陈向明，2000）。

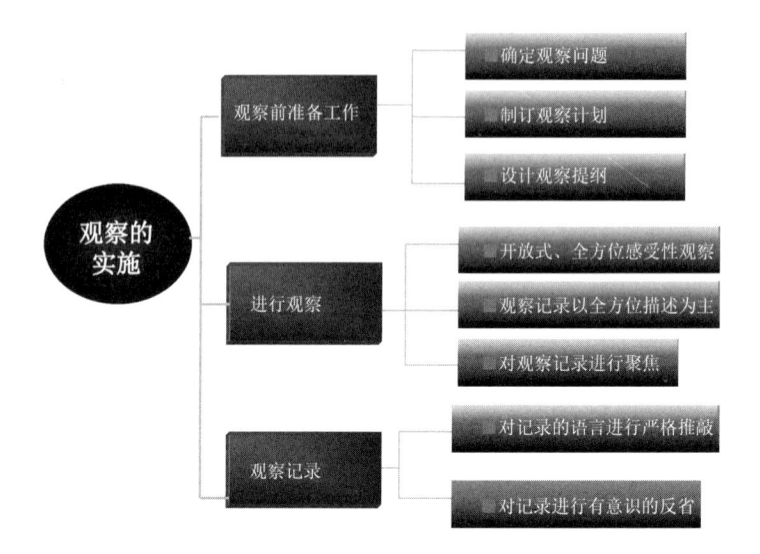

图4.6 参与式观察的实施步骤

第三节 定量研究数据的收集

一、调查问卷

（一）使用依据

以上运用质性研究方法所得出的文本分析虽然是基于研究对象的观点与经历，倾向个案的解释与描述，但在一定程度上也显示出高度主观性。研究过程中可以对部分传承人、参观者以及博物馆专业讲解人员进行深入访谈，但是如果想要借助一定数量的参观者群体得出他们的"本真性"体验因素，以便达到通则式的解释，那么运用适当的定量数据往往会使观察更加客观。通过探求数据内部关系来考量可能的因果关系（约翰·克雷斯威尔，2015）。由于非遗展馆的地域特色以及非遗项目的多样性，不同类型的参观者会对不同的非遗项目持有独特的参观偏好和多样的体认视角。如参观者的收入、年龄、学历、职业背景等因素都可能对参观体验造成影响，基于这点，运用一定数量的调查问卷并通过SPSS统计软件的聚类分析可以实现对参观人群的人口统计学上的细分，区别不同类型的参观群体；继而借助交叉分析、相关检验工具等测量出不同群体对非遗参观的本真性体验的不同影响因素，有利于增强数据的精确性，同时也有利于博物馆能更好地了解不同人群的特点，有针对性地调整馆内代表非遗物质载体的展示布局与陈设，以契合人们的参观期待。从这一点来说，使用调查问卷为本研究第二阶段的定性研究提供了围绕主题的多维度视角和研究问题的总览。本研究的研究数据流程图如图4.7：

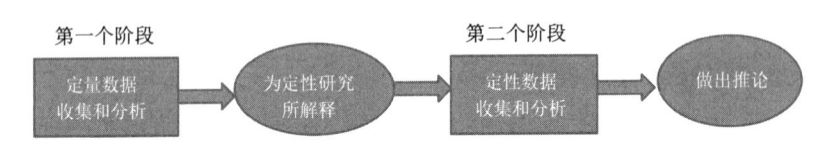

```
第一个阶段                        第二个阶段
定量数据     →   为定性研究  →   定性数据   →   做出推论
收集和分析       所解释         收集和分析
```

图4.7　研究数据流程图

（二）样本与抽样方法

本研究假设客观真实性、建构真实性、存在真实性、满意度与忠诚度、内心情感是影响非遗原真性展示与本真性体验的相关要素。由于这五个要素较为抽象，问卷设计中都会对每个相应的指标给予简单明了且通俗易懂的语句进行转化与描述，更有利于参观者选择。调查样本来源于三部分，分别是：①调查问卷初步拟定后对问卷题目进行预先检测的人群，该人群由研究者根据个人经验判断自行组建，属非概率抽样法中的目标式或判断式抽样（艾尔·巴比，2000）；②在对问卷设计与内容的检测后，研究人员相继进入已选定的五个博物馆，对博物馆参观人群采取随机发放自填式问卷；③非遗博物馆专业讲解员（工作人员）及相关文化领域的爱好者（学者），力求从大量的样本中寻找更多的细节和视角，以便把研究结果从样本推广到总体（约翰·克雷斯威尔，2015）。

图4.8 三类人群的抽样与方法选择

（三）问卷收集

本项研究的问卷收集方法主要采取"自填问卷法"，即调查者将问卷发送给被调查者，由被调查者自己阅读和填答，然后由调查者收回的资料收集方法（风笑天，2014）。考虑到研究对象中人群的不同特点，在问卷收集操作程序上也会互不相同，以求达到调查效果。

图4.9 问卷收集方法与简要过程

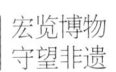

二、非介入性研究与二手资料

非介入性研究是一种在不影响研究对象的情况下研究社会行为的方法，其研究资料主要来源于既有的统计资料、成文的文件、书籍、网页或报纸等，采用内容分析法、历史比较分析和即有统计资料分析法对社会人为事实进行分析（艾尔·巴比，2000），以此获取本研究的二手资料。本项研究围绕研究对象与主题分别对国内具有代表性的点评网站大众点评、携程、同程、飞猪等网络平台留言区、七大博物馆官方网站及微博和微信公众号，七大博物馆实地留言簿，网络平台参观者个人微博文章等采取一种重要的非介入性研究方法，即内容分析法。内容分析法是对被记载下来的人类传播媒介的研究，其内容包括书籍、杂志、网页、信件、法律条文和宪章以及其他任何类似的成分或集合（艾尔·巴比，2000）。分析的主要目的是解决谁说什么，对谁说，为什么说，如何说以及产生什么影响。需要特别指出的是：内容分析法在本质上就是一种编码，即将原始资料转变成标准化的形式的过程——按照某种概念框架进行分类。在以上众多二手资料中找寻出代表非遗博物馆参观过程中"本真性"体验的关键信息词，并将这些关键信息词标准化，放置于问卷调查中进行使用与验证。

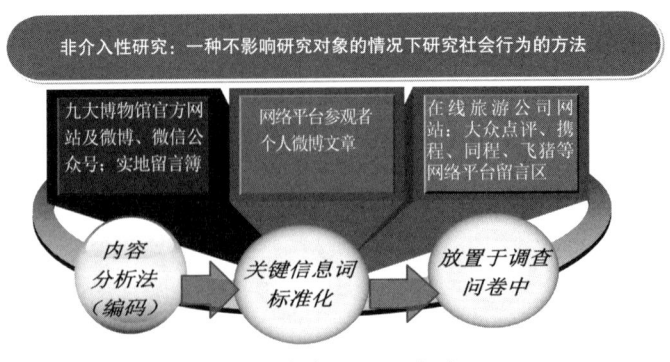

图4.10 非介入性研究过程

第四节　效度与信度

围绕博物馆参观者对非物质文化遗产展示与自身参观体验的社会现象运用以质性研究为主、定量研究嵌套的研究方法时，还要考虑两个非常重要的问题——研究结果的效度与信度，即研究的结果是否反映了研究对象的真实情况，研究结果进行重复测量得到相同结果的可能性如何。

一、研究效度

（一）效度的定义

"效度"一词在质性研究中用来讨论研究结果的真实性问题，但这里所说的真实可靠并不等同于可辨认的、外在客观存在的真实，而是指研究结果的"表述"是否"真实"地反映了研究者在某一特定条件下使用某一研究问题和相适应的研究方法对某一现象进行了研究活动，也就是说它不是绝对的"真实有效"，而是与实际相对的关系，用来评价研究结果（表述）与实际研究的相符程度（陈向明，2000）。此外，Hammersley（1992）指出效度应该是多元的。研究者对于同一现象给予多种说明。所以，本研究结合研究者个人的研究经验、研究主体与对象在主体间隙的理解和所处的研究情境，接受并承认研究效度的多样性，并结合效度的分类解释研究结果的真实性。

（二）研究效度的保障

《质的研究方法与社会科学研究》（陈向明，2000）一书中对效度的分类介绍主要以Maxwell（1992）的分类方式为主。原因是相比其他学者的分类更具有一定的系统性和合理性。本书也依据该分类逐一进行效度保证上的解释。

1.描述型效度

描述型效度是对外在可观察到的现象或事物进行描述的准确程度，衡量这一效度有两个条件：第一是所描述的事物或现象必须具体；第二是这些事物必须是可见或可闻的（陈向明，2000）。在本项研究中，研究者是亲临博物馆现场进行参与式观察，与参观者面对面进行访谈，面对面发放问卷并现场搜集参观者留言，与参观者存在着互动与协作的关系；特别值得一提的是，访谈开始即是现场录音的开始，记录下被访对象所有的话语，结束后根据录音立即进行逐字逐句的详细笔录，做到一字不漏并且详细完整，而不是事后凭记忆去创造性地完成。此外，对于非介入性调查资料，也不是凭借主观有意无意地省略掉表面看似对研究不重要的信息，而是要从泛读慢慢过渡到精读，这样就有效避免遗漏和错误、主观与偏见，从而保证研究效度。

2.解释型效度

解释型效度只适用于质的研究，是用来衡量研究者对研究的事物所赋予的意义的"确切"程度。其首要条件是：研究者必须站在被研究者的角度推衍他们看待事物的态度和建构意义的方法（陈向明，2000）。在搜集质性研究的一手资料过程中，研究者采取的研究立场就是站在学习者而非研究者的角色意识上，尽最大的努力耐心聆听，仔细询问；尽最大的努力理解当事人所使用语言背后的意义;尽最大的努力以他们自己的语言作为本研究分析的初始语言,真实地反馈他们的意思。但是,陈向明(2000)也指出,在试图理解研究对象的真实想法时,还必须分清楚他们口头表达与实际行动之间的区别,即二者的不一致性。因此,在本研究中采取多种不同的研究方法,如深入访谈和参与式观察结合、问卷调查与非介入性研究结合;调查各种不同的人,如非遗传承人和博物馆经营者、参观者、现场临摹者、特殊人群等,从而保证研究效度。

3.理论型效度

理论型效度意指研究所依据的理论以及从研究结果中建立起来的理论是否真实地反映了所研究的现象。在本研究中,运用"本真性理论"组建基础理论背景,运用"博物馆理论"设置特殊研究情境,运用"非物质文化遗产"营建分析问题、阐明问题的强大阵营。三大理论相互贯通并共同支撑研究主题,在此基础上深化出来的研究问题的分析过程、结果讨论仍围绕着三大理论层层展开,相对真实地反映了所研究的现象,从而保证研究效度。

二、研究信度

信度意味着可靠性和一致性(李鸿儒,2009),指的是测量方法的质量,也就是说对同一现象进行重复观察是否可以得到相同的资料并显示相对的稳定性。本研究大量的数据来源于质性资料,依据陈向明(1999)有关扎根理论的思路与方法的研究显示,质性研究对其结果的检核与评价有自己的标准,总结归纳有四条:①概念必须基于原始资料,并可作为论证依据;②理论

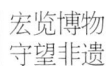

内部应有丰富的概念及意义；③理论中的概念与其他概念之间具有系统的、合理的联系；④理论具有较强的解释和可推广的运用价值。因此基于此概念的学术解释，本研究质性方面的信度检测依据以上四项标准给予保障；定量数据部分通过选择正确的统计软件、研究对象与场情、问卷调查的有效性等几个方面来确保其信度。

（一）质性研究数据的信度保障

1.概念基于原始资料的可靠性

本研究的起点，以及后续材料及数据的收集、导入分析直到概念的建立全部来源于所选择的五个相对具有探索性、解释性和代表性意义的非物质文化遗产博物馆。对于样本的选择，是根据联合国教科文组织非物文化遗产分类方法，努力做到与非物质文化遗产的分类相匹配，分别选择了中国昆曲博物馆（传统戏剧类）、杭州工艺美术博物馆群（工艺美术类）、三亚槟榔谷非物质文化遗产保护基地（传统生产与生活知识技能类）、南京市非物质文化遗产博物馆（甘家大院、传统仪式与节日类）、温州市非物质文化遗产馆（文化空间类）。基于这些博物馆丰富的原始资料，配以细致严密的质性分析方法，探求影响人们在非遗博物馆参观体验的相关因素，并运用解释性研究中的外推法来推断其他更多的非遗博物馆。

表4.1内的五处非物质文化遗产博物馆、展示馆或非遗保护基地是我国大部分非遗博物馆在活态传承、整体保护与民族精华文化展示的典范。它们既有博物馆研究、保存与教育的职能，同时肩负着非物质文化遗产历史价值传承发展的责任。

表4.1 代表性非物质文化遗产博物馆

博物馆名称	展馆特色	非遗代表	地点	研究方法
中国昆曲博物馆（中国苏州评弹博物馆）	全国唯一集昆曲历史、文化、艺术于一体，以收藏整理、陈列展示、演出传承为主要工作内容，侧重于表演艺术类的展示	2001年5月18日，中国昆曲被联合国教科文组织列入首批"人类口头和非物质遗产代表作"名录	江苏省苏州	问卷调查 参与式观察 定性访谈（参观者） 非介入性研究
中国杭州工艺美术博物馆群（中国刀剪剑博物馆、中国扇博物馆、中国伞博物馆）	以深厚的文化与工艺底蕴展现杭州"手工业之都"的魅力。侧重于工艺美术及传统生产与技能的展示，是博物馆群的理念创新	中国传统桑蚕丝织技艺，西泠印社金石篆刻被列为世界级非遗项目	浙江省杭州	问卷调查 参与式观察 定性访谈（参观者） 非介入性研究
三亚槟榔谷非物质文化遗产保护基地	国家级非物质文化遗产生产性保护示范基地。展示侧重于传统生活知识与技能、传统生产知识与技能类非物质文化遗产	黎族传统纺染织绣技艺被列为世界级非物质文化遗产名录	海南省三亚	问卷调查 参与式观察 定性访谈（传承人、参观者） 非介入性研究
南京市非物质文化遗产博物馆（南京市非遗传承保护展示基地：甘熙故居）	依托甘熙宅第的历史载体，凭借民俗馆的文化特色，开展大规模代表性项目传承人技艺展示，侧重于传统仪式类、文化空间类非物质文化遗产的展览	江苏省有"人类非物质文化遗产代表作名录"和"国家级非物质文化遗产名录"入选项目54项	江苏省南京	问卷调查 参与式观察 定性访谈（参观者与传承人） 非介入性研究
温州非物质文化遗产馆	浙江省内最大的非遗类博物馆。侧重于表演艺术类、传统生产知识与技能类及文化空间类非遗的展示	"永嘉昆曲"和"乐清细纹刻纸"列入人类非物质文化遗产代表作名录，"泰顺廊桥营造技艺"和"木活字印刷术"列入联合国教科文组织"急需保护的非物质文化遗产名录"	浙江省温州	问卷调查 参与式观察 定性访谈（传承人、参观者） 非介入性研究

2.保障理论内部的丰富性

从1961年布尔斯廷到1999年王宁反思性地提出"存在的真实性"的30年

里，真实性研究经历了客观主义的真实性—建构主义的真实性—后现代主义的真实性—存在主义的真实性。理论内部的丰富性可谓既精彩绝伦又褒贬不一，正如Wang（1999）所说，"真实性"问题更像是一条色彩丰富又模糊的色谱。本研究就是在这样一个宏大的理论背景下，跳出旅游主体及旅游客体真实性的重重怪圈和模糊不清的边缘境地，以博物馆非物质文化遗产为基点，通过对博物馆的深入调研以及对专家学者、参观者、传承人的深入访谈等质性研究，对"非物质文化遗产原真性展示与本真性体验"提供了一种深刻的理解方式，研究结果不仅是对"真实性"体验理论在博物馆参观中的有效运用的补充，而且使"真实性"更具研究广度和丰富性，从而更显研究意义之所在。

3.确保概念之间的系统与联系

为确保概念之间的系统关联，本研究将借助NVIVO11实现质性分析，其运行的基础是由格拉斯和斯特劳斯两人于1967年提出的扎根理论。这是一种自下而上建立实质理论的方法，运用系统程序，从搜集所得的丰富资料出发，归纳式地引导出实质理论。在分析过程中，将资料和资料、理论和理论不断进行对比，然后根据资料与理论之间的相关关系提炼出有关的类属及其属性。分四个步骤进行：一是根据概念的类别对资料进行比较，为每一个概念类属找到属性；二是将有关概念类属与它们的属性进行整合，考虑它们之间存在的关系，将这些关系用某种方式进行关联；三是勾勒出初步呈现的理论，确定该理论的内涵和外延，将初步理论返回到原始资料进行验证，同时不断地优化现有理论，使之变得更加精细；四是对理论进行陈述，将所掌握的资料、概念类属、类属的特性之间的关系一层层地描述出来，作为对所研究问题的回答（詹宁斯，2007）。

4.保障理论的可推广及价值

扎根理论者认为，只有从资料中产生的理论才具有生命力。因此在保障以上三者的前提下，本次数据搜集阶段经历了多地辗转，囊括了线上到线下的相关资料，数据具有很强的代表性、真实性及客观性。研究者将数据来源划分为两大部分：其一是非介入性二手资料，主要来源于五大博物馆官方网站及微博、微信公众号、留言册以及点评网站，材料包括文章、访谈、调查结果、音频、视频、图片、网页和社交媒体内容等，通过网络爬虫（Python）抓取所得；其二是深入访谈，包括参观者、相关专业人士和非遗博物馆管理人员及相关文化学者的访谈，并将收集的相关资料先粗略形成宽泛的主题，再对每个主题的节点做深入探究，进行更加细致的编码，以便从中发现资料中呈现出的想法、观点和相关的模式。本研究在质性分析的过程中确保理论与资料相吻合，以使最后得出的"博物馆非物质文化遗产原真性展示与本真性体验理论"对博物馆界、非物质文化遗产旅游领域具有实际的用途与价值，并可以被用来指导人们具体的生活实践。

（二）质性研究嵌套定量数据的信度保障

1.问卷的设计

对调查问卷而言，效度是其首要条件，而信度是效度的必要条件。（李灿和辛玲，2008）。本研究的问卷设计在结合本真性（客观真实性、建构真实性、存在真实性）体验相关指标的基础上，增加了游客满意度与忠诚度、人口统计学信息和参观目的等基础性的调查内容。初始问卷共分三个部分，共61个选项。第一部分是游客参观行为的基础部分。第二部分是问卷的主体部分，即游客本真性体验的具体指标，共45个选项，从客观真实性、建构真实性、存在真实性、游客满意度与忠诚度构建体系。第三部分是人口统计学信息，是对样本状况的基本了解，同时也是对体验主题情况的考察分析。在调查问卷形成后，首先进行了小范围的测验，被调查者包括旅游相关专业老师、从业人员以及学生等，他们对问卷的进一步完善提出了建设性的意见，最终形成的调查问卷。

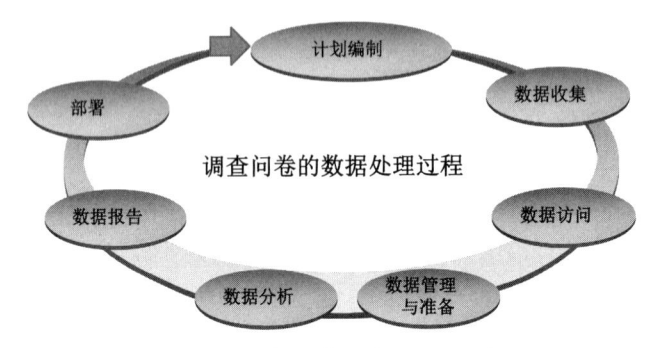

图4.11 调查问卷的数据处理过程

2.数据的统计与分析

本研究的定量数据主要来源于问卷调查，考虑到所涉及的评价指标和变量较多，为了减少数据分析过程中因复杂而产生的模糊性，在定量分析中运用因子分析法这一工具来浓缩信息、降维指标、简化指标的结构，使分析问题更简单、直观且有效（林峰，2009）。在因子分析结果的基础上，会更进一步尝试运用定量分析工具对所得出的公共因子进行双变量相关性分析，目的是深入探究变量之间是否存在相互依赖的密切的关系，以及它们之间的相关程度，而且更能增强数据的可信度。

通过这些阶段以及所使用的各类方法，力求做到数据之间的相互核对和平衡，同时尝试着对定量研究方法得出的结果与质性方法得出的结果进行核对，增强研究的可信度与可靠性。

第五章 显现
——从展示到体验

博物馆是人类见证自然和历史变迁的真实空间，也是人们从真实的遗产中汲取灵感与力量的空间。非物质文化遗产博物馆里所典藏的物质载体，展示的不仅仅是其艺术价值、创作年代，更重要的是内在的传统工艺、音节韵律、制作流程、散韵文体、表演艺术、生产知识、文化空间以及与人们生活之间的联系。人们在参观这些地方的过程中是如何通过他们自己的生活想象与情感寄予来达到某种审美意境和由表及里的"本真性"体验，是本项研究寻求的答案。研究的总体思路也是依据所使用的研究方法进行层层展开，从而揭示非物质文化遗产中蕴含的哲学、社会、经济和审美品位等（李志勇，2015），正如王宏钧（2001）所说的，研究者可以通过对非物质文化的"物"的载体研究，扩大到对人、社会和文化生态环境的研究。

本研究的发现以及结果依据研究数据逐步呈现，即借助参与式观察对博物馆非物质文化遗产原真性展示得出相应的结果；借助深入访谈与非介入性二手资料对本真性体验的促成要素得出相应的结论；借助调查问卷的定量数据得出本真性体验的定量指标体系。最后，将定量指标体系融合于质性研究所得的结果之中，与原真性展示结果进行相关验证以及最后的整合，最终形成博物馆非物质文化遗产原真性展示与本真性体验的感知体系。如图5.1所示：

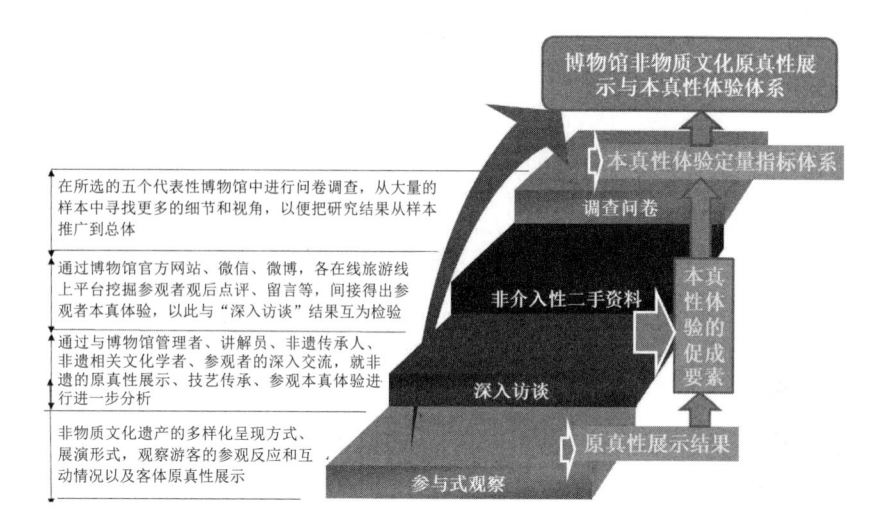

图5.1 研究步骤与相应结果展现

宏览博物　——非物质文化遗产原真性展示与本真性体验
守望非遗

第一节　原真性展示

本章选择了"杭州工艺美术博物馆群""南京博物院·非物质文化遗产馆""南京市非物质文化遗产馆·甘熙故居""中国昆曲博物馆"以及"三亚槟榔谷国家级非物质文化遗产生产性保护示范基地"五处博物馆作为参与式观察的典型对象。温州非物质文化遗产馆虽也列为本研究的主要研究对象，但因位置处于温州文具用品批发市场二楼，当时展馆正处于搬迁状态，馆内设施及展品较为杂乱，有些主题馆暂不开放，参观者尤为稀少，所以只做了个别参观者的访谈，未做详细的参与式观察记录。以上五处非遗博物馆囊括了世界级和国家级非物质文化遗产的典型代表以及非物质文化遗产的八大门类。与此同时，依据本研究对"本真性"的学术理论、文化遗产中的"原真性"解释以及在主体互动领域中的"本真性"的学理辨析，对五处博物馆参与式观察的研究相继嵌入过程性描述，以达到与研究主旨逻辑一致的目的。

一、杭州工艺美术博物馆群

杭州工艺美术博物馆群位于杭州拱宸桥桥西历史文化街区内，包括中国杭州工艺美术博物馆、中国刀剪剑博物馆、中国伞博物馆、中国扇博物馆。

该馆群是杭州保护与利用工业遗产的典型范例，集中展示了杭州工艺美术的发展历史以及巧夺天工的工美作品。因此，代表客观原真性的专家标准仍然运用其中并明显体现在博物馆的展示中。研究者于2017年7月18日进驻该馆进行为期一天的观察，并进行相应的深入访谈。这里不同于综合博物馆常常见到的人山人海的场景，游客基本以群体为单位进入展馆，主要身份为学生，散客基本以亲子出游为主要形式。导游讲解收费，且需通过电话或网络提前三天预约，讲解语种为中英文，参观当天未见讲解员。

此次参与式观察主要聚焦于非物质文化遗产与博物馆陈展行为主体的双向互动，以及这种互动协同带来的与游客本真性体验相糅合的微妙关系，同时也特别关注传统工艺美术的多样化展示中传承人所独有的活态表演与创作状态。

（一）中国伞博物馆

"伞"与"刀剪剑"的特殊主题天生就有调动游客积极性的魔力。

步入大厅之前，中国木式屋顶架构的吊顶设计，同入口整个大面积的木制网格外覆面一起，将有关中国古代建筑设计的元素呈现给众多前来参观的游客，提前营造出一种讲述历史、还原历史的先调氛围。

1.主题展示

中国伞博物馆是目前世界首创以伞为主题的、综合展示以中国为代表的伞文化、伞

图5.2 中国伞博物馆与中国刀剪剑博物馆大门入口处
资料来源：作者本文调研摄影图片，下同。

历史、伞故事、制伞工艺技术以及伞艺术的博物馆。展厅建筑面积2411平方米，临时展厅建筑面积527平方米，展出内容分为六个部分，分别是"中国伞的起源""油纸伞与油布伞""美丽的西湖绸伞""伞的文化""走向世界的伞"以及"形形色色的现代伞"。该博物馆正对着中国刀剪剑博物馆，两个主题博物馆的入口合二为一。在建筑外侧正面，左右两侧各挂有色彩明丽的临时展览活动条幅。对博物馆来说，经常面向游客推出各式各样的展览与其他特殊活动是一种很好的积攒人气的方式。同时，如果配合多渠道线上线下宣传预热，将不断丰富博物馆游客的层次增加参观者的数量，提高博物馆的活力值。

博物馆入口有一个以红黑两色交映而成的深幽梦幻的伞廊，伞廊的天花板高高低低错落有致地倒挂着几十把撑开的红色雨伞，在特殊灯光的照明与映衬下，参与者犹如走进一扇时空大门，穿梭于伞历史与伞文化的汪洋之中。不经意间低头看脚下，投影模拟的雨点落在地面，漾成或大或小的水波纹，朵朵涟漪竞相绽放。长廊两侧的玻璃墙内，金色丝线犹如细密的雨水连滴成线，点点晶莹如梦如幻，伴着淅淅沥沥的声音，垂下似雨的丝线，出神入化。游客们似乎都为这样的景致所融化，超然出世的小快乐悄然酝酿，此时此刻无论是

图5.3 中国伞博物馆入口处装饰

大人还是孩童，都享受着视觉与内心的双重惊喜与感动。游客们常常在此停留片刻，有的人静静沉浸在这美妙的氛围中，有的人寻找最独特的视角，用相机记录这一刻的美好，还有的家长试图让身边的孩子去感受、去观察、去触摸，共同体验这个奇妙的时刻。

穿过这个充满艺术气息的走廊，参观者即可沿着既定的参观线路从主题一"中国伞的起源"开始，通过模型化、场景化、故事化等叙述手段，将关于伞起源的传说、历史典故以及史料记载形象生动、活灵活现地展示给参观者。孩子们兴趣十足，争相与同伴或父母等同行者相互交流。主题二"油纸伞与油布伞"，主要通过《清明上河图》等互动项目、近代全国各地不同油纸伞与油布伞的橱窗实物展示、油纸伞结构的动画展示、油纸伞的制作和伞铺伞匠历史现场的场景还原进行展示，形式为动态静态结合，但静态展示内容较为单一，大多数游客偶有关注欣赏，多数都略微加快参观速度。主题三"美丽的西湖绸伞"，不仅有关于西湖绸伞的溯源与发展、制作工艺流程的指尖式触屏展示与场景化模型展示、图片文字橱窗展示等，还有西湖廊桥风景还原之中的西湖绸伞墙面实物展示，由于此处灯光较为昏暗，展示手段也未有推陈出新的设计，游客大多匆匆而过。主题三和主题四中间是一片较宽敞开阔的休息区，由于散客不多，团队游客又不便长时间停留，导致这块区域鲜有游客驻足。主题四"伞的文化"，其中包括等级与仪仗、感恩与抗议、祭祀与崇拜、巫术与傩仪、爱情与婚姻、喜庆与祈愿、伞舞与伞技、诗歌中的伞等分主题。这个主题和人们的社会生活较为接近，并通过多种现代化手段和装置艺术多样化地展示了中国伞文化的博大精深，因此该区域显得较为热闹，成了游客聚集参观交流的最主要区域。上至二楼，继续参观主题五"走向世界的伞",这里包括古埃及和古巴比伦、古希腊和罗马、伞在亚洲、日本和伞、泰国油纸伞、伞在欧美等分主题。此区域展示方式同主题二相似,多以文字、图片和典籍文物的橱窗展示和展板展示等为主,加之一两处场景化展示区,游客大多草草浏览或伴以拍照留念等行为经过这个区域。最后到主题六"形形色色的现代伞",这里有现代伞问世与生产、当代中国伞业、概念伞、天堂伞的制作、制伞机械展示等分主题。这个区域,游客主要聚集在概念伞互动展示区域,对概念伞的特殊功能议论纷纷。在展览最后的互动区及纪念品服务区,有一整面墙悬挂满油纸伞、现代天堂伞等纪念品。许多游客徘徊观看,其中少数游客向工作人员询问并购买了油纸伞等相关纪念品。在出口处设有游客心愿墙,放置有参观调查问卷的桌椅,设施较为简单,游客大多直接离去,极少驻足。

2.氛围塑造及参观体验

参观者当中散客相对灵活,参观速度与团体游客相比较为缓慢。散客中绝大部分是亲子类参观者,关注的焦点常常是孩童的参观体验,孩童年龄从婴幼儿到青少年,通常由长辈引导参观。而经常在短时间内造成人流量骤增假象的是各种团体游客,尤其是学生团,他们的参观行为与参观时间相对集中。本研究的参与者在现场观察发现,在带队负责人的带领下,他们参观过程的流动性较强,团队内成员在潜在约束中很自然地保持着不远不近的距离。但无论是家庭亲子散客,还是团体游客,走马观花式参观是较普遍的游览方式,很少有游客花费较多的时间和精力细细参观展馆。文字、图片类以及简单的展品陈列难以吸引大多数游客关注。通常以互动游戏、放映动画、仿真模型、指触屏、后现代主义墙绘等形式展示的内容会引起多数游客的关注与讨论。比如，伞铺中卖伞店商推介新伞的幻影成像展示，似乎游客站立于店铺前，伞商正向其推荐手中的新伞。更值得关注的是将文化气息融入伞的意义之中，利用戴望舒的《雨巷》中丁香一样的姑娘这一形象赋予伞结着愁怨的少女情怀的意义布置场景：一条幽寂的雨巷和湿漉漉的青石板。设置的情境以暗色调为主，仅有的光线自少女上方投射而来，只望得见撑着油纸伞少女的背影在忽明忽暗的巷子深处，这情景好像刚刚和你擦肩而过，意境美妙，游客流连忘返。

图5.4 中国伞博物馆虚拟情境再现"雨巷"

3.省、市级非遗项目区域展示

西湖绸伞造型轻盈，设计奇巧，制作精细，透风耐晒，高雅美观，具有较高的艺术价值，为杭州特种工艺品，也是我国民族工艺品中的一朵奇葩。杭州西湖绸伞作为民间造型艺术的代表于2005年被列入第一批浙江省非物质文化遗产名录（浙政发〔2005〕26号）。杭州市西湖绸伞制作技艺作为传统技艺的代表于2008年6月7日列入第二批国家级非物质文化遗产名录（国发〔2008〕19号）。但绸伞与现代社会的审美和实用性要求渐行渐远，逐渐退出了现代市场，淡出了人们的生活。

西湖绸伞作为非遗展示的重要对象，在中国伞博物馆第三个主题中进行了较为全面的展示。一块伞状展板在射灯光照的渲染下，将西湖绸伞的前世今生娓娓道来。

图5.5 西湖绸伞展板（局部） 　　图5.6 西湖绸伞

整个主题展示形式相较于其他现代非遗展示馆，似乎有些循规蹈矩，很难让游客领略到西湖绸伞作为国家级非物质文化遗产的独特魅力。其展示形式主要包括：五处展板、两个橱窗、一个橱柜、一块指尖式触屏、一块电子显示屏、一个西湖绸伞制作现场还原展示区、一个将西湖绸伞与西湖景致融合的造型艺术展示区。

图5.7 杭州西湖绸伞橱柜展示 　　图5.8 杭州西湖绸伞展板展示

图5.9 杭州西湖绸伞橱窗展示

4.研究发现

首先,"仿制民间艺人制作西湖绸伞现场的静态展示"配合"展板说明""指尖式触屏动画展示""橱柜内文物展示"(设计图纸、用作伞面装饰的油画等)和"橱窗内其他相关介绍"(国外媒体报道、印花工具、历史照片等),讲述了西湖绸伞上杭州本地独有的淡竹资源、杭州丝绸及杭州西湖风景装饰图案三项具有杭州特色的创作设计元素,以及其精致的选材、繁多的18道手工工艺流程和丰富的品种规格。张开一把伞,收拢一根竹,制作细腻,令人叹为观止。但是很可惜,指尖式触屏显示制伞流程的动画制作得较为粗糙,仿制制伞现场的模型展示并未抓到技艺本身最突出的展示重点,实难调动游客对西湖绸伞的赞叹、喜爱之情。

其次,占据主题三最大面积的"造型艺术展示区",将现实中曲折的西湖走廊景致再现。在走廊里侧是白色、粉色荷花遍布的西湖,游客走过,像是漫步在西湖边，墙上是烟波缥缈的绿西湖景致，一把把西湖绸伞悬在西湖景致里。苏东坡有诗云："水光潋滟晴方好，山色空蒙雨亦奇。"这里本是展示西湖绸伞最好的区域，但是因为灯光过于昏暗以及投影设备老旧等问题，游客的观赏体验也打了折扣。接着，有11把大大小小、色彩各异的西湖绸伞在橱窗做了简单的展示，由于展示过于密集，反而不易唤起游客对西湖绸伞的特殊情感。

最后，靠近休息区有一个关于西湖绸伞制作的电子显示屏与展板组合展示区。本研究的现场观察发现，文字说明竟然和开始的导语有重合，配图与文字说明也未能很好地展示西湖绸伞的伞骨、伞面和装饰部分。电子显示屏上播放的是中央电视台中文国际频道（CCTV-4）对西湖绸伞传承人的采访视频，如果是传承人对西湖绸伞制作工艺的专题纪录片，可能会产生更好的观看效果。

（二）中国刀剪剑博物馆

1.主题展示

中国刀剪剑博物馆展厅建筑面积2460平方米，临时展厅建筑面积1060平方米。展馆主题风格为"冷峻、干练"，结合历史叙述，摒弃过多的场景复原手法，采用纯展览语言，结合实物与信息介绍，着重传达内容相关信息，同时引入多种高科技，设置互动游戏项目，充分发挥了观众的主观能动性，也增加了展览的娱乐性。对该博物馆参与式观察的目的主要是从历史和现状两个维度出发，了解刀剪剑传统制作技艺作为非物质文化遗产的演变趋势和传承过程，关注其从政治、文化、经济及军事多种角度呈现的活态传承，特别关注于刀剪剑博物馆特有的叙事结构及传统技艺的本真性展示。

2.氛围塑造及参观体验

参观者可顺着指示牌的方向进入中国刀剪剑博物馆，不同于中国伞博物馆从一层至二层由下而上的参观路径。馆内基础设计元素为"不规则多边形"，区别于中国伞博物馆随处可见的"圆形"图案。基调也从"柔美浪漫"变化为"线条感、直接简明"，让游客瞬间步入刀剪剑"物开一刃为刀，两面开刃为剑，双刀相交则为剪"的艺术世界。

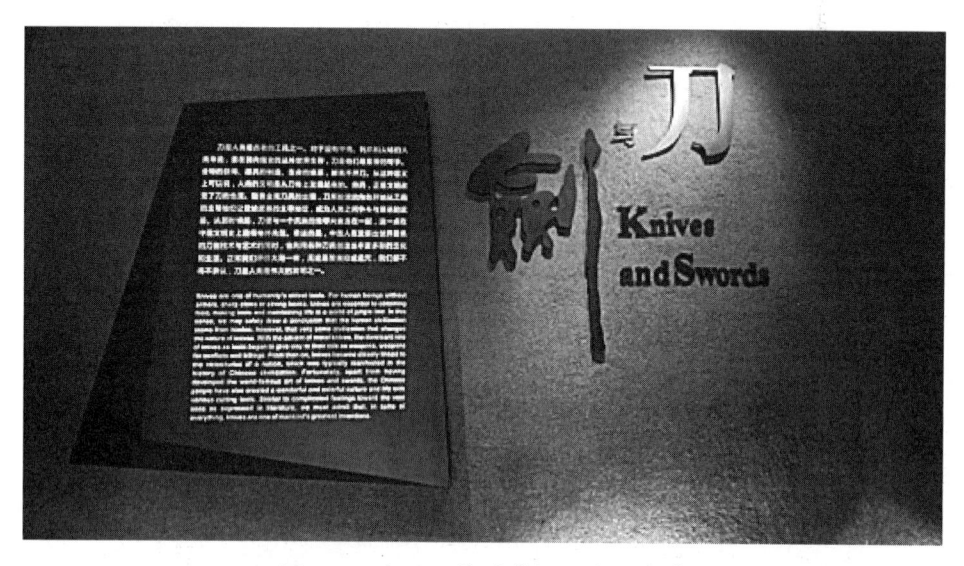

图5.10 中国刀剪剑博物馆展板背景

中国刀剪剑博物馆分两个大的主题：第一展厅"刀与剑"（二层）、第二展厅"剪刀的故事"（一层）。从了解中国刀剑的历史开始，主要形式是文物展示和展板说明相结合，辅之以人物模型、刀剑仿真模型，游客顺着观光路线偶有驻足。其次在"刀与我们的生活"主题中主要是通过展板、人物微模型微场景、击剑现场实景还原几个部分较全面地展示了刀与生活密不可分的关系。由于更接近日常生活，游客更容易感同身受，体会到刀在生活中不可或缺的地位。接着在文化视野中的中国刀剑部分引导游客了解中国刀剑文化（刀剑与中国古代政治、刀剑与中国古代士文化、剑舞与书画艺术、作为法器的中国剑——中国少数民族的刀文化），主要采用静态展示方式，如橱窗内展板、刀剑的文物或模型、少数民族人形展板等。中国刀剑文化博大精深，此主题虽形式简单，却带有传授知识的功能，带孩子前来参观的游客会更多地引导孩子参观了解。然后从"铸剑锻刀"（刀剑的制造：青铜冶炼与宝剑铸造——钢铁冶炼与刀具锻制）到"悍刀宝剑"（世界刀剑艺术：冷兵器时代的名刀剑——当代世界著名刀具）主题。在铸剑锻刀主题中运用了两个较大型的实景还原展示，结合电子触摸屏生动地展示了铸剑锻刀的炼制过程。在悍刀宝剑主题中主要通过大量的展板与实物展示带给游客最真实的

图5.11 中国刀剪剑博物馆内学生活动场景

刀剑艺术体验。之后跟随标识指示，下至一层继续参观剪刀的故事。入口处的主题铜雕，两名儿童盘腿而坐，正在聚精会神地玩剪刀石头布游戏，总能唤起成年游客会心一笑的怀旧情感。研究过程中巧遇一个比较特别的学生参观团，他们每人手里都有笔和一张三折页，像是拿着寻宝图一样，找到目标时难掩惊喜地与同伴交流。经了解，这张三折页是工艺美术博物馆推出的互动活动，游客只要在游览后将三折页上的问题回答正确，即可获得纪念品奖励。这个互动形式极大地激发了孩子们发现与学习的动力，也带给孩子们更好的参观体验。

图5.12 中国刀剪剑博物馆内场景——"剪刀的故事"

3.省、市级非遗项目区域展示

越来越多的刀剪剑制作工艺或其作为民间造型艺术进入国家级、省级、市级非物质文化遗产名录当中。中国刀剪剑博物馆选取了"张小泉剪刀"作为其非遗的主要展示对象。张小泉剪刀锻制技艺作为传统技艺的代表于2006年5月20日被列入第一批国家级非物质文化遗产名录（国发〔2006〕18号）。张小泉剪刀锻制技艺作为传统手工技艺的代表于2007年被列入第二批浙江省非物质文化遗产名录（浙政发〔2007〕33号）。龙泉宝剑作为民间造型艺术的代表于2005年被列入第一批浙江省非物质文化遗产名录（浙政发〔2005〕26号）。龙泉宝剑锻制技艺作为传统技艺的代表于2006年5月20日被列入第一批国家级非物质文化遗产名录（国发〔2006〕18号）。同时，大洲厨刀制作技艺作为传统技艺的代表被列入第三批浙江省非物质文化遗产名录推荐项目。海宁三把刀制作技艺作为传统手工技艺的代表被列入第一批国家级非物质文化遗产扩展名录项目。

"张小泉和他的剪刀"主题展厅，前连"中国著名剪刀产地"展厅，后接"剪刀的制造"展厅，衔接自然，丝毫未破坏游客在参观过程中的观赏体验。"中国著名剪刀产地"部分，从并州剪刀、钉铰做到集聚全国各地著名剪刀铺的剪刀街，这部分的整个参观过程就如同将参观者带入具有年代感的商业老街。"张小泉和他的剪刀"主题展厅的展板说明、店铺内部八个红底金字"童叟无欺，价格公道"、店铺主人1∶1原型塑像配以货架上陈列的各式剪刀再现了当时张小泉店铺的原貌。张小泉剪刀店铺对面是一块介绍"从父亲张大隆剪刀铺到张小泉剪刀铺的历史故事"的展板，右边是由展板与动画显示屏组合介绍关于张小泉"除蛇制曲剪"的民间故事。橱柜中展示张小泉剪刀流传至今的历史年表、毛泽东与张小泉的渊源、厂房历史照片、列入非物质文化遗产的证书、传承人历史照片以及相关馆藏文物展示等。最后是关于张小泉剪刀锻制技艺的36道工序，由流程图展板和显示屏组合展示。让人较为疑惑的是，博物馆陈设的只有其中的36道工序，其实列入非遗保护的是张小泉剪刀的72道锻制工艺的完整制作工序。不知是博物馆为特殊技艺而保密，还是因为全部展示有难度而只展示前半部分的制作工序，这有待于进一步确认。但不得不承认的是，这个展厅是对"传统剪刀作坊"的大型复原场景，让人身临其境感受旧时手工打剪的同时，了解到手工制剪工艺的重点工序。这同时也是对"张小泉和他的剪刀"主题展厅的过渡与丰富。

图5.13　中国刀剪剑博物馆——张小泉传统工艺布展场景

4.研究发现

第一，剪刀是拥有单一工具身份的非物质文化遗产技艺的物质载体，以"剪刀的故事"开辟单独的展示单元。在剪刀制作原理的展示中，提供剪刀模型让参观者尝试及对比支轴剪及交股剪省力情况，以幻影成像的形式呈现制作剪刀和磨剪刀的对话场景。同时，刀剪剑历史悠久，且本身较利于保存，因此展厅中出现很多相关的历史文物来佐证刀剪剑的历史。游客常常惊叹于刀剪剑在历史上的存在形态与存在价值。作为现代化展厅，一些使用刀剪剑创意元素的造型艺术、刀剪剑制作工艺的多媒体展示和击剑运动员仿真模型等吸引着许多游客关注。

一些富有特色的老字号地方名牌剪刀以再现店铺场景的方式展示在参观者面前，如王麻子和张

图5.14 中国刀剪剑博物馆张小泉店铺实景还原

小泉的店铺内外实景展示：从"一剪在手万事不愁，万事不愁一剪在手"的对联，到"童叟无欺，价格公道"的店内标语，再到耸立于店铺门前的"张小泉大剪刀"，文字说明退居其后，一种类似于企业文化的传统经营方式静静呈现着。"剪刀里的风俗"主题中"走街串巷的磨剪人"幻影成像展示出经千锤百炼的老手艺人，传统技艺伴着匠人精神再度浮现：36道工序精心磨制，使剪刀光亮照人，配以展区内传来的"磨剪子嘞"叫喊声，使参观者犹如真的跨入那个年代的店铺中。另外，展区内设置第二课堂，在入口处提供"悦学"体验册，融合刀剪剑元素，设置"寻找另一半""谁是王者""刀光剑影"等互动式学习单元，以及未成年人免费体验点，可以通过刀剑电子显微镜观察不同材质刀剑的微观结构。

第二，随着时代的发展，现代冲压注塑工艺的应用大大冲击了传统的剪刀锻制技艺，致使张小泉剪刀制作工艺这一古老的手工艺出现传承断档，如今能够从头至尾完成所有工序的制剪高手已不复存在，张小泉剪刀锻制工

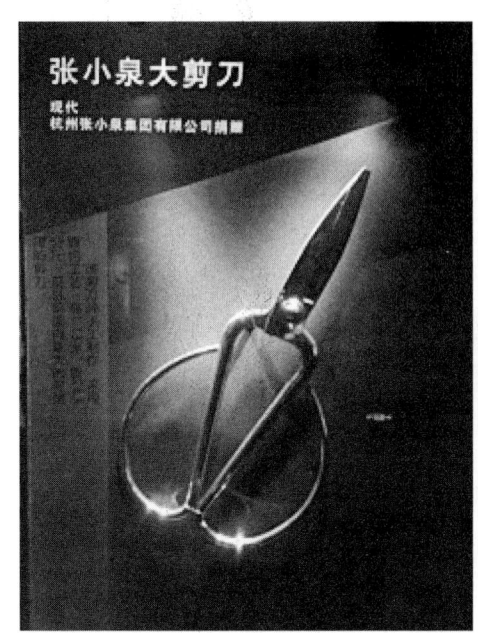

图5.15 中国刀剪剑博物馆实景还原

艺急需抢救、恢复。本研究现场观察发现，中国刀剪剑博物馆选取"张小泉剪刀"由单独展厅展出，体现的是一种希望以己之力助其传承的决心。非物质文化遗产是以人为本的活态文化遗产，它强调的是以人为核心的技艺、经验、精神，其特点是活态流变，而展馆在张小泉剪刀锻制技艺活态展示方面不够完整，对特殊技艺的传承与保护难见真效。

（三）中国杭州工艺美术博物馆

中国杭州工艺美术博物馆的建馆对原街区刀剪剑、扇、伞三大国家级博物馆进行了扩容和升级。博物馆入口是镶嵌着窄长条采光窗的素灰色建筑外墙，极其简约的建筑风格与博物馆"工艺美术"的陈展主题相比，不夺目，也不违和，虽不算是加分项，但确实有一种关于艺术的清冷凌厉之风。

图5.16 中国杭州工艺美术博物馆大门

1.主题展示

博物馆共三层，其中杭州工艺美术基本陈列共3000平方米，主要从雕刻、陶瓷、织绣、编织、金属工艺、民间工艺美术六大类，集中展示了杭州工艺美术的发展历史与成绩斐然的艺术成就。同时展厅内还配有第二课堂互动区，可开展各类丰富的工艺体验活动。博物馆二楼入驻了国家级、省级、市级工艺美术大师工作室及手工传承艺人30余人，现场活态展示西湖绸伞制作、油纸伞制作、手工制扇、杭州手绣、杭州机绣、萧山花边等19项非遗技

图5.17 杭州工艺美术大师工作室（部分）

艺与传统工艺美术，并提供相关手工艺品现场展示销售和制作体验服务，是开展艺术交流、创作研究的平台。

2.研究发现

对该博物馆参观研究的目的是要了解其作为工美爱好者与大师及艺术零距离交流的平台，如何将工美技艺完整又生动地呈现，如何将非遗以活态展示和教授的方式满足工美爱好者的观赏和体验需求。因此，观察对象主要聚焦于展馆二楼的大师工作室。工作室基本以展板的方式呈现工美大师作为非遗传承人的基本技艺和所获称号嘉奖，配以相关采访视频或介绍短片形成手工艺人的辅助背景。前来这里参观的人很多，学生游客占大多数。所有14个大师工作室都有统一的装修设计，古色古香又整齐规范，且与游客保持开放式零距离接触。游客常常会在一些有现场活态技艺演示的工作室久久停留，或互动体验，学习兴趣高涨，讨论气氛浓烈。

杭州工艺美术博物馆设置大师工作室的理念与方式，对于杭州非物质文化遗产的传承与保护意义重大。其一，这种开放式展示和零距离参观的活态展示空间，让更多的游客对非物质文化遗产技艺有直观的感受，从而产生好

图5.18 杭州工艺美术博物馆大师工作室活态展示（剪纸、石刻）

奇与兴趣；其二，为非物质文化遗产的传承人提供了合适的技艺展示平台与获取正当经济利益的平台，满足了非遗能够传承下去的两个最重要因素，即再现非遗价值和创造非遗效益。

（四）杭州工艺美术博物馆群非遗原真性展示

1.活态演绎环境

工艺美术与技艺类非遗博物馆整体或个体展示脱离不了活态演绎的环境。在工艺美术博物馆群，手工艺活态展示馆为独立设置，似乎要与刀剪剑、伞、扇博物馆内非遗展示形成距离感，使参观过程中存在两个模糊点。其一，参观者如果没有事先参观非遗馆，没有受到非遗文化的熏陶以及对非遗历史有所体认的话，直接参与手工艺馆的互动体验，其效果可能会大打折扣。其二，哪怕是单项非遗主题的博物馆对物质载体的展示也同样离不开活态互动体验。失去活态展示这个最新鲜最直接的参与体验，博物馆就难以深层次助力非物质文化遗产的传承与发展，因而活态互动与非遗项目应紧密捆绑，互为依托，缺一不可。活态互动既是非遗客体原真性展现的环境支撑，也为非遗本真性体验的获得提供了动态支持。

2.内部设施

展馆内的设施设备、公共服务设施以及特殊耗能设备的使用不畅易产生参观者参观动力不足的问题。杭州工艺美术博物馆群内常常会出现如部分投影仪投影模糊、部分展示特效关闭、大屏幕暂停使用等情况。另外，中国刀剪剑博物馆的馆内温度偏高，炎炎夏日里极容易让参观者产生倦怠或不耐烦的感受。馆内扶梯也是暂停使用，只张贴一些温馨的抱歉说明。三个博物馆的休息区虽相对宽敞没有被其他物品占用，但基本上只够2—5

人就座。当参观者留意并关注到这些问题时，很容易产生遗憾、无奈、失落，甚至愤怒之感，不能满足他们之前对博物馆的参观期待，从而使参观体验受影响。

3.导览服务

差强人意的导览服务是影响展品原真性展示与本真性体验的重要原因。如参观者不事先在网上预约，直接前往博物馆是无法得到相应的人工导览或讲解服务的。参观者如需要了解展品，就需要在不同的二维码区域扫码听取语音导览。这个过程需要游客的手机页面始终保持在微信公众号链接页，如果游客临时想要拍照或者用微信聊天，可能就被迫暂停了语音导览的播放，想要再继续，需要再次扫码并登入页面。一次或多次的反复就有可能让游客产生厌倦和不耐烦情绪，削弱其获取语音导览的欲望。在杭州工艺美术博物馆官网上的虚拟博物馆，其语音导览服务给人一种具有趣味感的体验。若此功能设置于博物馆大厅，那样可能会比在家上网观看更能给予游客更多的惊喜体验。

总体而言，参观者对杭州工艺美术博物馆群的本真性体验多源于他们对博物馆客体原真的识别过程。可见，人们对该馆群的物质与非物质文化遗产有一个衡量的标准。可以说，客观本真性理论，在以展示手工技艺类或工艺美术品类为主的非物质文化遗产博物馆中，为参观者在客体识别上提供了最初的价值判断。

二、南京博物院·非物质文化遗产博物馆

南京博物院坐落于南京市紫金山南麓，是我国第一座由国家投资兴建的

大型综合类博物馆。该馆在原有历史馆、艺术馆的基础上，于二期增加了特展馆、数字馆、民国馆和非遗馆。特别是非物质文化遗产馆，自开馆以来，深受游客及当地民众的喜爱，尤其是非遗馆小剧场的非遗展演活动（昆曲、评弹等）能汇集大量的戏迷。该博物馆从展示的客体上跳出了单纯与原始，更倾向于与主体之间产生更多复杂的关系，赋予双方认知和美感。因此"真实性"理论中的建构主义更多地体现其中，展现客体与旅游者想象或印象相契合的建构真实。研究者于2017年11月20日进入该馆进行参与式观察并做相应的深入式访谈。当日虽然非周末（星期一），但博物院内仍可见多个旅游团及学生团体，外地的旅游团居多。整体游客量大，年龄跨度比较大。针对研究主题，主要聚焦于民国馆和非遗馆的非物质文化遗产的多样化呈现方式、参观者的参观行为与互动情况、传承者的进驻模式与展演形式进行深入探访。

（一）南京博物院·民国馆项目展示

南京博物院·民国馆采用叙事性的展示设计，在馆内几乎以真实的比例设置街道、建筑、店面等，顶棚采用封闭式蓝天布景，配合或明或暗的外置彩灯，容易令人产生一种穿越感。另外，展示内容高度还原了民国当时的环境与条件，如火车站、邮政局、茶馆、首饰铺，衣食住行，设施齐全。民国馆的特别之处就在于其使整条街道都活了起来，这里不仅是以一种建筑的形式存在，同时还具有使用功能，馆内商铺都在开门营业。叫卖声、老式唱机放出的民国音乐，蒸儿糕铺子和咖啡店飘出的阵阵醇香充满了整个街道，以至于参观者经常会忘记自己置身于现代博物馆建筑中，仿佛行走在20世纪二三十年代城市繁华的街道上，显得异常兴奋。

（二）南京博物院·非物质文化遗产馆项目展示

南京博物院·非物质文化遗产馆作为江苏省非物质文化遗产馆，馆内集中展示了江苏省入选"人类非物质文化遗产代表作名录"和"国家级非物质文化遗产名录"的项目。入口处详细列举了江苏省的非遗项目，包括昆曲、古琴艺术、中国雕版印刷技艺、中国剪纸、中国传统木结构营造技艺、中国桑蚕丝织技艺、端午节、南京云锦织造技艺、京剧。非遗馆中的老茶馆与民国馆相连，精湛地体现了非物质文化遗产项目——香山帮传统建筑营造技艺。

茶馆完全按照老式茶社布局修建，天井的苏式彩花复古且夺目，戏台金碧辉煌，木雕隔断精致巧妙，池心敞视宽阔，包厢整肃典雅。这里是参观者欣赏江苏省口头表演类非遗项目和品味江苏省饮食技艺类非遗项目的最佳场所，也是动态展示非物质文化遗产的文化空间。

非遗主展区以委婉细腻、流丽悠长的昆曲作为开篇，设电子屏在旁，可自行点播昆曲中的九大经典曲目现场表演视频，电子屏上下两端皆贴上"请随手关闭音量"的提示贴纸。这种举措有可能是顾及馆内安静的参观环境而

图5.19 南京博物院·非物质文化遗产馆"昆曲多媒体展示区"

设,但参观者点播曲目后只能"视"而不能"闻",似乎与设置该功能背后的意义背道而驰。

展馆内呈现较多非遗活态传承互动区域,游客可参与其中制作和购买,如编制中国结、绘制脸谱、捏泥人、尝梨膏等。该馆内现场展台均来自江苏各地,依据受游客欢迎程度决定某一展台的驻留时间长短,长则几年,短则几个月。以中国结为例,传承人现场展示技艺,游客可根据喜好选择编制难易程度不同的手工艺品,跟随传承人现场学习制作,耗费时间从几十分钟到几个小时不等,从手环到胸针,再到中国结,样式不同,选择多样,颇受学生和部分成年人欢迎。

(三)研究发现

南京博物院在博物馆的功能实践中充分体现了物质文化遗产与非物质文化遗产相结合的崭新理念,能充分利用现代科学技术手段拓展其传播方式,给参观者带来丰富的感观与使内心充实的体验。但在公共空间的设计上还有待进一步完善,如非遗剧场的自动购票区、非遗展品的购买问询、非遗馆旁边的长凳休息处、咖啡厅的购买休憩处、卫生间的洗漱处等。非遗馆公共空间的舒适度在一定程度上会影响公众对非遗馆的满意度,公共空间的辅助设计可以让参观者在生理和心理上自动调节其自身的舒适度从而调节其心情,因此在非遗馆大厅里应设置相关的休息空间、问询空间来满足他们的调整需要,从而得到更好的参观体验。

三、南京市非物质文化遗产馆·甘熙故居

甘熙故居又名甘家大院、甘熙宅第(南京政府将其定名为"甘家大

院"），在1982年南京市文物部门的文物普查中被发现，为有效利用并再现明清时期江南民居风貌，文物部门修复部分建筑，建成南京市民俗博物馆，于1992年11月对外开放，现博物馆外侧与熙南里历史老街组成具有特色的民俗文化老街。研究者于2017年11月24日进驻该馆进行参与式观察并做相应的深入式访谈。虽紧邻夫子庙商圈，相比夫子庙的繁华热闹会安静许多，实属闹中取静。大院布局严谨对称、主次分明、中高边低、前低后高、循序渐进，但参观内容繁杂，一般没有清晰的主线。游客较少，虽然导览手册提供了一条参观路线，但游客大多自主选择参观路线且大多走马观花。甘家大院现场工作人员较多，由于内部多处修缮，保安及维修人员四散分布。

此次参与式观察依据历史脉络了解甘氏一族亲历了中国近现代几乎所有战乱和硝烟后的沧桑与变迁，关注于民俗类非物质文化遗产的活态传承方式和现状。

（一）甘熙宅第非遗项目展示

甘熙宅第入口仅是一户寻常人家低调稳重的门，重庭叠院，曲折回廊，宅第既沿袭了秦淮民居"青砖小瓦马头墙，回廊挂落花格窗"的建筑风格，也突出了内部结构的多重组合与文化装饰的精巧特色。

整个甘家大院划分为梨园雅韵、津逮

图5.20 南京市非物质文化遗产馆·甘熙宅第入口

书香、往日庭院、梦回童年、城南旧影和金陵工巧六个主题片区，剪纸、拉洋片、抖嗡、竹刻、绳结、绒花、微雕等丰富多彩的非物质文化遗产分布其中。现场观察发现，陈列展区以展板文字图片说明的方式呈现，甘氏千年家族历史尽数展示在游客面前，参观者较少且大多走马观花，偶尔有游客驻足惊叹，亲友间相互攀谈。南京传统民居建筑艺术展区，同甘氏家族历史陈列展区一样，以四围墙壁上的展板展示为主，在里屋放置了"甘熙宅第全景模型"，让游客从全景视角更为清晰地了解甘熙故居的整体建筑风格。

非遗类展示区包括金陵琴派、南京云锦、南京剪纸三个独立展厅以及五个非遗综合展示区。金陵琴派的展区内不仅有图片文字的展板展示，还有古琴的实物展示。南京云锦展区内展出了许多精美的云锦织物，成衣成画，其色彩、花纹设计的精致感令游客叹为观止，同时还展出了大型云锦织布机器，初次参观的游客不免多看上几眼，暗暗研究一番。南京剪纸展厅陈列也较为简单，除了展板介绍，主要以50—60幅大师剪纸作品为展示对象。游客参观兴趣并未被调动。

临展厅（民俗陈列）相对接近生活，以实物与彩塑模型相结合展示了老南京的育儿习俗和婚嫁习俗。大厅中央的抓周体验区和大红轿子体验区常常

图5.21　南京市非物质文化遗产馆·甘熙宅第·剪纸展区

吸引成年游客与小孩子拍照留影。

图5.22 南京市非物质文化遗产馆·甘熙宅第·民俗陈列区

（二）研究发现

南京共有世界级非物质文化遗产 4 项、国家级非物质文化遗产 10 项，加上省级、市级的共有150多项。虽然数量不少，但这些非遗精粹长期散落于各处，无法集中展示南京的"非遗宝藏"。作为南京市非物质文化遗产馆的甘家大院，目前也限于秦淮灯彩、金陵竹刻、南京绒花、脸谱等 20 余项非遗项目展示，另有 3 位国家级非遗传承人和 8 位省级非遗传承人在此开设工作室。在非遗综合展示区，游客可以了解南京100多项市级以上非物质文化遗产项目的基本情况，同时有机会观赏非物质文化遗产代表性传承人的展演，但其中对于非遗展示与体验的不足也较为明显。第一，作为博物馆，甘家大院的日常展示手段过于简单，陈列方式缺乏艺术设计，即大多停留在简单的展板说明和展柜陈列，未能较好地利用馆内空间。虽然在特殊时段和特殊地点设置了活态展演活动，且甘家大院的整体建筑氛围也使游客有良好的参观体验，但对于大多数其他时段前来参观的游客来说，单调的展示可能会让游客感到较为遗憾。第二，缺少对接南京市非遗项目的官方文创产品和季节性缺席的传承人展演，削减了博物馆在非遗展示方面的专业性和系统性，如果能为传承人提供一定的帮助，让传承人长期稳定地驻留甘家大院，将会是互惠互利的解决方案。

就对南京博物院·非物质文化遗产馆和南京民俗博物馆的整体观察而言：参观者在参观过程中对展示客体未有严格的衡量标准，而是依据参观者自身的观点、能力与信仰，依据博物馆建筑风格、展示背景、氛围设置等叙事背景的陈设建构而形成的衡量标准。在此，建构性本真理论在以上两个博物馆中得到较为合理的动态的演绎。

四、中国昆曲博物馆

小桥流水与古城雅韵赋予苏州这座城市独特的柔美和娇润，其传统与现代的交合点不仅统统存放于吴侬软语之中，更深藏在"良辰美景奈何天，赏心乐事谁家院"的昆曲唱词里。昆曲历史悠久、剧目丰富、文辞典雅、曲调优美、表演精湛，在中国文学史、戏曲史、音乐史、舞蹈史上都占有重要地位，对后来的京剧和众多地方戏曲产生过深远影响，被誉为"百戏之祖"。2001年5月18日，中国昆曲被联合国教科文组织列为首批"人类口头和非物质文化遗产代表作"。研究者于2017年11月26日进入该馆进行参与式观察并做相应的深入式访谈。在观察期间遇到多批游客以小组竞赛形式参与昆曲知识学习，还有因工作、学习需要而前来调研的商界精英、政府官员和大学生调研团队。馆内古典戏台精美的建筑风格和古典气氛令参观者兴致颇

图5.23 中国昆曲博物馆入口处

高。考察中国昆曲博物馆的主要目的是要了解昆曲博物馆中人类口述类这一特殊非遗项目的展演方式，依据受众直观表达的反馈和内心深处的体认探究中国昆曲博物馆对营造本真性体验的客观呈现与主观情境。

（一）中国苏州昆曲博物馆非物质文化遗产项目展示

中国昆曲博物馆坐落于昆曲的发祥地江苏省苏州市古城区平江路张家巷全晋会馆内，是一座以昆曲为主题的博物馆，殿堂庙宇式的建筑，崇脊筒瓦，精雕细刻，飞金泳碧，宏伟庄重，且具有山西古建筑的特色。

中国昆曲博物馆成为集昆曲的历史、文化、艺术于一体，以陈列、展演、保藏、利用、研究、传承为主要工作内容的昆曲艺术中心。人们在该馆

不仅能看到昆曲文物和资料，还能在特定时间欣赏到传统昆曲艺术，包括传统的昆曲表演，以及传统的演出场所和演出环境。该博物馆在展示中国世界级非遗项目与塑造人们本真体验的两者关系中，建构了一种象征性或符号性的真实，使客体展示和旅游吸引物的舞台化相伴相生。中国昆曲博物馆不仅开辟了昆曲周期专场演出，而且将昆曲传统折子的挖掘与抢救同昆曲的传承、推广结合起来，为参观者的沉浸式体验提供了良好的人文环境氛围。如馆内多处设置电子触摸显示屏，专题小而精，如"明清两代昆坛人物小传"，从魏良辅到徐渭，可任意选择详细介绍，以文字为主。

图5.24　中国昆曲博物馆馆内电子触摸屏

中国昆曲博物馆内无论是对昆曲历史人物、发展流变等图文的展示，还是对样式新颖独特的昆曲相关物质支撑材料（乐器、服饰、折子、演出脚本等）的展示，都充分利用了展示空间，让物质载体的艺术设计感十足。另外，雅致舒适的参观环境让参观者的参观速度相对于其他博物馆同类展示的参观速度较为缓慢。

中国昆曲博物馆，内设有多个展厅，就多个主题进行多方位的主题展示，比如，"昆曲史话展区"展示介绍昆曲历史和重要人物，并辅以珍贵的文物及资料；"晚清民国昆曲展区"以明式书斋的形式，展出珍贵的昆曲刻本和舞台演出抄本，让参观者在欣赏戏曲案头作品的过程中，亲身体验古代文人的闲情雅致和书香墨韵；大戏台金碧辉煌，绚丽多彩，且有聚音作用；"昆曲戏服及乐器展区"一侧以多组昆曲折子戏造型展现昆曲的角色行当和传统服饰,另一侧展示演奏昆曲的古老乐器,在特殊时段进行现场演奏供观众欣赏,大厅正面展示全晋会馆古戏台及传统戏班演出后台的陈设。

图5.25 中国昆曲博物馆内部展厅特色布局

图5.26 中国昆曲博物馆昆曲戏服及乐器展示区

馆内设置的特展馆与百花书局使得昆曲这一"唱高和寡"的非遗项目突破认识上的"高垒深壁",尽量走向"寻常百姓家"。如"曲终人不散"特展馆讲述了九如巷张氏昆曲传奇;"马得艺术戏画展"展示了著名戏曲人物画家高马得一生的昆曲戏文画精品,戏文、书画水乳交融;昆曲音像视听中心可以让参观者欣赏到齐全的国家级民曲音像作品;馆内百花书局作为全国唯一专门销售昆曲书籍、音像制品的书店,满足了些许参观者了解昆曲专业

图5.27 中国昆曲博物馆内视听展区

知识的需求，全国各地慕名而来的艺术爱好者也纷至沓来，络绎不绝。特别值得一提的是，在现场观察时，发现馆内多处设置多媒体技术视听处，采用了耳机听、视频看相结合的方式，可在观看的同时，屏蔽周围杂音，专注于昆曲本身，感受昆曲的软糯呢喃。

（二）研究发现

第一，中国昆曲的杰出艺术成就和文化价值虽超越了国界和民族，被列为世界级非物质文化遗产，但它面临着失传的尴尬局面。在保护和抢救、发展与传承方面，一直未有突破性进展。对于一种国粹，它慢慢走向边缘、走向小众，最终依靠国家政策上的扶持与经济上的补贴才能继续走下去，其生存状态与发展空间令人担忧。将一种大众文艺单一地圈进博物馆专业领地进行保存、研究与展示，而不做普及与推广，不寻找更多传承与发展途径，那么就和表演艺术本身与文艺理论走向大众、走进百姓生活的理念显得卓尔不群。表演类的非遗项目不能只停留于意识形态，不能一直在巨大的意识形态的"襁褓"之中。

第二，博物馆在展示中更应注重昆曲"美"的辉映：博物馆在展示中如果能更加注重昆曲本身特有的美的气质，就会带给游客更美妙的参观体验，因为中国昆曲，是诗，是曲，更是画。作为中国唯一的昆曲艺术的专业博物馆，昆曲的意韵、昆曲的情致、昆曲的优雅都应是昆曲博物馆的灵魂，更是连接昆曲博物馆各个展室之间的无形气韵。

中国昆曲博物馆基于昆曲的民族元素和文化积淀，对展馆布置融入大量艺术创作和艺术想象，使之披上美的外衣（王宁，2014），以期让参观者体会到某种审美意境和由表及里的"本真性"体验。它的展示过程不仅与美的感知交织在一起，更为确切地说，是"舞台化真实"学术理论背后"文化自信"的综合体现。

五、三亚槟榔谷国家级非物质文化遗产生产性保护示范基地

三亚槟榔谷即海南三亚槟榔谷黎苗文化旅游区，是海南省AAAAA级旅游景区和国家级非物质文化遗产生产性保护基地。该基地由非遗村、甘什黎村、谷银苗家、田野黎家、《槟榔古韵》大型实景演出等七个文化体验区组合而成。虽然不以博物馆名称来命名，但整个旅游景观是将博物馆本身作为重要资源纳入旅游景观吸引系统之中，具体体现在自然景观、人文景观及人造景观的博物馆化（林美珍和肖洪根，2003），最大限度地保持了景观的"真实性"。研究者于2018年1月1日进驻该馆进行为期三天的参与式观察并做了相应的深入式访谈。当日早上9点前后步入

图5.28　海南三亚槟榔谷

景区时，游客已经较多，以团队为主。该基地作为本项研究的预研究之地，为研究主旨和内容确定了整体的研究基调。参观目的是了解少数民族（黎族）非物质文化遗产的现状及传承情况，关注保护区里非遗村文化体验区一村二巷的黎族无纺馆、麻纺馆、棉纺馆及龙被馆的非遗项目展示形态，其中特别聚焦于2009年入选联合国教科文组织的非物质文化遗产：黎族传统纺染织绣技艺以及人们在参观过程中对以上非遗项目的体认过程。

（一）参观的基本情况

图5.29　海南三亚槟榔谷·文化长廊

槟榔谷一年四季的游客数量都较为均衡，主要以团队为主。整个景区的接待员及导游着统一民族服饰，秩序井然。游客对黎族文化所展现的有形物质，如大门装饰、船形房屋、民族标的物、热带植物绿化倍感新鲜，兴致颇高。

特别是从黎族文化长廊开始，游客的注意力就聚焦于黎族以往的日常生活、现实生活的静态展示和传统纺染织绣技艺的动态展示。

参观者普遍在导游或讲解员的引导下按正规参观线路进行游览。从文化长廊到无纺馆之间设有传统纺染织绣技艺活态展示，掌握该技艺的黎族手工业者每人佩戴踞腰织布机席地而坐，黎锦编织过程一一展现在众人面前，参观者会跂足观看并与之合影。

第五章　显现

　　此外，大多数人对无纺馆、麻纺馆和龙被馆也同样表现出了较大的兴趣，特别是无纺馆陈列的树皮衣以及制作过程和工艺的实物展示。最让游客兴奋和由衷敬佩的则是景区工作人员介绍的黎锦编织工艺传承人符金花。每间隔2—3分钟就会有一批游客来与她攀谈黎锦织技并合影留念，游客对黎锦的求知欲望在此达到了高峰。

　　黎族没有自己的文字，却始终保留着特殊的表达形式：传统纺染织绣技艺——黎锦。他们将自己的故事、生活、情感全然附着于段段黎锦，与槟榔谷较多手工艺者一同进行着非遗活态展示。这一标志性活态展示区域也因此成为许多团队参观的固定集散点。然而位于"百年黎村文化体验区"中的"非物质文化遗产槟榔谷陈列馆""黎族文身馆""图腾艺术馆"游客自行

图5.30　海南三亚槟榔谷·黎族黎锦编织工艺传承人符金花现场展示

参观的居多，像荣誉馆、黎族艺术馆之类的参观游客显得零散。

（二）研究发现

第一，海南省黎族传统纺、染、织、绣技艺于2009年被联合国教科文组织列为世界非物质文化遗产，黎锦是其整个工艺体系的最终物质再现，是黎族传统纺、染、织、绣四大技艺的综合体。无纺馆、麻纺馆与龙被馆展示的是人类衣物从无纺布到麻纺的发展历程。无纺馆展示了黎族树皮布制作技艺的流程和工艺及制作工具和成品；龙被馆可以说是黎族传统纺、染、织、绣工艺技术集大成的综合展示地。树皮布制作材质（树种）的稀缺以及制作工艺的失传导致其将永远被置放于博物馆收藏。龙被是黎族在应用纺、染、织、绣四大工艺过程中难度最大、文化品位最高的织锦工艺美术品，虽获吉尼斯世界纪录，但因其纺、染技艺的可能失传，受制作龙被本身所赋予制作人年龄及身份的限制，其与树皮布一样处于静态的展示，并成为民族永远的记忆。

第二，按照非物质文化遗产的定义和评定标准，活态性和流变性是核心要素。也就说，如果没有了传承人的活态传承，就不能构成非物质文化遗产，只能作为文物展示的一部分。黎锦的传统纺、染、织、绣技艺目前处于濒临失传的边缘。观察中发现，槟榔谷在抢救和保护黎锦传统工艺方面付出了着实有效且具有人文关怀的努力，聚集民间黎锦编织手工艺者为参观者提供活态展示，切实做到了非物质文化遗产的生产性保护。但从中发现如下问题：其一，传承人年龄普遍偏大；其二，传承工作面临挑战，在与传承人交流中得知其儿女都不想学这门手艺，原因是太耗精力和时间，且卖不出太好的价钱从而影响自己的实际生活，因此这种手艺目前只有她一人掌握，致使以人物故事为图案的黎锦将面临失传的窘境；其三，黎锦工艺流程中的纺、染技艺几乎没有年轻人学习，黎族传统中的织、绣工艺又集中于年长妇女之手，那么整个黎族传统纺、染、织、绣工艺的传承与保持将是非遗保护面临的现实而严峻的问题，目前的生产性保护借助更为方便的机器生产让大众感观上能辨认某一民族的某种特质，但真正的精神内涵和民族文脉是大机器永远无法替代的。

第三，整个保护基地未发现能体现传承的内容，更多的是非遗项目大规模活态展示和静态展览的结合。参观者一般在博物馆展示台前观看，在传承者活态展示中进行攀谈、交流与沟通。由于黎锦编织技艺对材料和技术的要求普遍较高，参观者参与互动的可能性很小，活态展示区域也未提供相应的互动学习平台。更尴尬的是，参观者与传承人进一步交流时，存在着普通话与方言的沟通障碍。这在很大程度上影响了非遗项目的原真性展示与本真性体验。这种情形有意无意地在传承人与参观者之间形成了"神秘"的隔阂。营造这种由隔阂产生的距离感的出发点是让参观者感觉自身处于民族保护区中的情境显得更真实，而且让参观者感受到他们面对的是真实的民族工艺人、真实的手工艺品。

三亚槟榔谷国家级非物质文化遗产生产性保护示范基地引入旅游景观吸引系统的博物馆化理念，使参观者在景区内能观赏到原有面貌所具有的"舞台真实性"的景观（如《槟榔古韵》实景演出），又因博物馆体系的科学和严谨作为景观布置的事实依据，参观者在游览过程中最大限度地感受到了真实性，更难能可贵的是通过这种博物馆化的展演形式，能让人们体验当地人的情感和生活，了解少数民族的文化基因。（马建军，2007）

六、非遗博物馆原真性展示结果分析

通过对以上五处非遗博物馆的参与式观察的整体描述以及相应的思考，着重就非物质文化遗产博物馆在非遗项目原真性展示上的研究结果做了深入分析，就参观者本真性体验做了简单的描述性阐述。为更清晰明了地表达"本真性"理论在上述非遗博物馆整体陈设布局和非遗文化渗透中的逻辑贯穿，在本章最后以图的形式（图5.31）表示该理论嵌入案例研究的逻辑诠释。

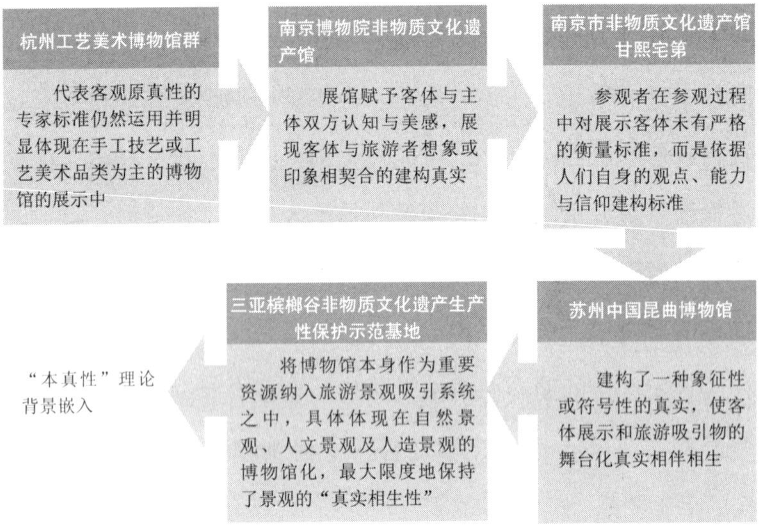

图5.31 "本真性"理论嵌入案例研究的逻辑诠释

（一）原真性展示结果

1.展示载体——静态展示

非遗博物馆静态展示主要依托于"展板说明""橱柜内文物展示"（设计图纸、制作材料、相关作品等）以及"大中型实景还原"，如以真实的比例设置建筑、街道、店面；结合非遗项目特点截取文学作品中脍炙人口的章节进行作品场景复原；表演类非遗项目与传统建筑技艺类项目整合搭建固定展演场景，并配以环境氛围的硬软件塑造，相当真实地还原了该项目当时产生的历史环境以及生存与发展的空间。这不仅缩短了参观者与客观物质载体的距离，更重要的是通过这种静态场景、静态展板或顶视橱窗的无声演绎，传播着非物质文化遗产所特有的知识体系和文化表现形式。作为参观者群体，这种展示方式客观但不失雅致，正统亦不失灵动，在静态中把"是什么""为什么""怎么样"娓娓道来，符合博物馆对文化传播所需要核心诉求：原真。

2.展示手段——动态展示和互动式体验结合

"传承人现场工艺制作""舞台表演""工作台展示""指尖式触摸屏""电视录影播放""屏幕游戏""口述史访谈录音"等方式的运用，完整生动地演绎了非物质文化遗产的"非物质属性"。非遗博物馆不是"典藏文物摆放的空间"，而自始至终都是文化展示的空间；不是让遗产走向人们的被动"等候"，而是让人们主动走向遗产的"不请自来"。如果想让非遗"跳跃"起来成为真正的"活的文化遗产"，那么博物馆的这种身口相传、互动演绎的动态展示必定会成为非物质文化遗产"文化链"得以延伸的重要窗口，同时也是保持非遗文化"原真性与常态化"的必要手段。

3.展示环节——保证内容与过程的完整

非遗展示内涵强调非物质文化遗产"无形的"精神层面、实践过程的"活态性"及与外部环境"文化脉络"之间的关系（李志勇，2015）。因此，完整生动地演绎、互动体验型的活态表演成为非物质文化遗产博物馆最鲜明的特征。然而，不得不强调的是要避免将上述生动演绎和互动活态展示变为纯粹商业或欣赏意义上的舞台表演。研究结果发现，多数非遗博物馆

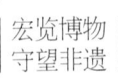

中，传承人的现场展示环节仅仅是整个工艺流程中关键性的或是简单易做的几个部分，其他环节基本略去，完整性被撕裂成碎片。这种单纯为了表演而表演的动态展示，无疑对非遗项目整体的原真性展示，特别是对手工技艺类流程的完整性的认识存在着较为严重的缺失。

4.展示背景——不脱离非遗语境与文化背景

"橘逾淮而北为枳，此地气然也"（《周礼·考工记序》），其原意是如果将淮南的橘树移植到淮北种植，那就会变成为枳树。其言外之意是指环境对事物成长起关键性作用，突出本土性价值。这种环境造就的因素放置在非物质文化遗产博物馆中就是喻示着展示文化的本土性，还原当时产生该文化的社会场景，不能因数量稀少而调取别的区域里的文化。如"槟榔谷国家级非物质文化遗产生产性保护示范基地"，依附原生环境，在黎族聚居地，结合旅游与非遗生产性保护的需求，真实还原了黎族先民的生活场景。通过对展品的整体塑造使其发生戏剧性或故事性的变化，这种变化通过感观作用于参观者的思维，使之更易被参观者理解，从而建立了展示、展品与展演之间的关联性。

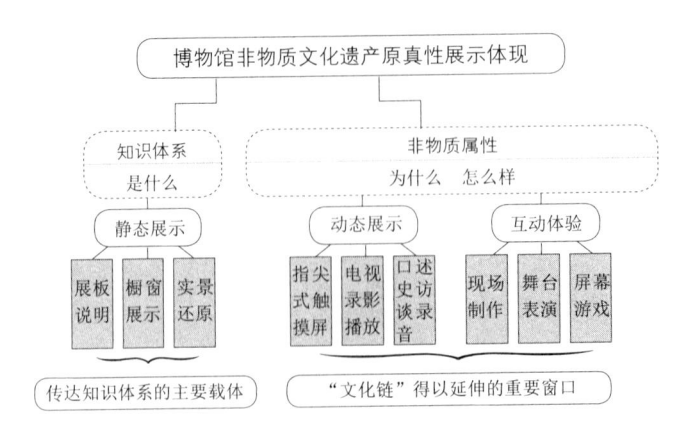

图5.32　博物馆非物质文化遗产原真性展示

（二）本真性体验结果

在对非物质文化遗产馆的参与式观察过程中不难发现，各类非遗博物馆基本上都关注到非物质文化遗产自身的特殊性和互动体验的参与性、活态展示的必要性，而具体以实践的方式落实在参观场域中，能让参观者实实在在切身体验到的却参差不齐。与物质文化遗产不同的是，非物质文化遗产更需互动性体验的营造，特别是当它放置于博物馆情境下时，本真体验显得更加有必要，可以说，博物馆既要考虑这些代表性展品的展示设计，还要琢磨如何让这些物质载体实现"可体验化"，营造氛围吸引参观者体验。非物质文化遗产中的技艺也好，韵律也罢，都是无影无形的，但人们之所以期待本真体验，博物馆之所以要为之营造体验氛围，是因为体验的最大价值，即独特之处便是回忆！它可以长时间地留存在人们的记忆之中。不仅使之理解，更使之追忆。

第二节　本真性体验促成的要素研究

对于本真性体验要素的研究重点在于非介入性二手资料以及深入访谈。其间访谈人数共81人，包括博物馆管理员及讲解员、非遗相关文化学者、非遗传承人、非遗博物馆参观者，访谈场所囊括前期选取的所有具有代表性的博物馆，兼具时效性和真实性。

表5.1　深入访谈与参观者访谈目录

序号	博物馆讲解员、管理者及文化学者	非遗博物馆参观者人数	非遗传承人
1	温州博物馆馆长高某	南京博物院（2人）	树皮衣制作与钻木取火传承人李老师
2	温州市民俗博物馆负责人除某	南京市非物质文化遗产博物馆：甘熙大院（4人）	独木偶戏传承人王老师
3	温州市民俗博物馆讲解员佘某	中国昆曲博物馆、评弹博物馆（6人）	浙江省民间艺术研究剪纸分会副秘书长方老师
4	温州市非物质文化遗产博物馆讲解员王某	温州民俗博物馆（3人）	中国传统工艺美术大师、非物质文化遗产"乐清黄杨木雕"代表性传承人郑老师
5	博物馆设计专家徐某	温州非物质文化博物馆（10人）	黄氏第四代龙档制作传人、温州工艺美术大师黄老师
6	文化学者张某	杭州工艺美术博物馆（13人）	国家级非物质文化遗产项目代表性传承人（乐清细纹刻纸）、高级工艺美术师陈老师
7	槟榔谷兰花客栈负责人符某	中国刀剪剑博物馆（12人）	温州剪纸市级传承人朱老师

续表

序号	博物馆讲解员、管理者及文化学者	非遗博物馆参观者人数	非遗传承人
8	中国京剧作曲家、国家一级导演续某	中国伞博物馆（10人）	
9	温州乐清非物质文化遗产博物馆副馆长张某	海南三亚槟榔谷·国家级非物质文化遗产生产性保护示范基地（17人）	
10	温州民俗学会副秘书长朱某		

注：出于研究伦理的考虑，文中访谈对象的称谓不是实名。

一、质性分析过程

此阶段严格按照斯特劳斯的扎根理论三阶段，即开放式编码、主轴式编码以及选择式编码有条不紊地进行。NVIVO中的编码主要涉及自由节点与树状节点，在前期的资料搜集和梳理过程中，有意识地标注重要的信息，进行初步的编码。随着材料的丰富，尝试将自由节点归类到特定的树状节点下，各个树状节点下囊括各个自由节点。当然，初步的编码需要尽可能地囊括所有可能需要的信息点，尽管后期整理过程中存在一些无效的节点，显然，节点的建立与归类即是一个不断梳理和筛选的过程。在资料分析过程中，采用持续比较分析思路，在资料与资料之间、理论与理论之间不断进行比较。在分析过程中，"深入访谈"成为获取所需资料的主要方式。根据访谈对象群建立相应的访谈提纲。借鉴斯丹纳·苟费尔、斯文·布林克曼和范丽恒（2013）对可能用到的一些主要问题进行分类，将问题分为导入性问题、追踪性问题、探索性问题、具体性问题、直接性问题、间接性问题、结构性问题、解释性问题。以参观者、传承人、专业人士等不同的主体身份分类，拟写各类访谈提纲。在具体的实施过程中，依据不同语境及对应身份的话语体系策划访谈的具体内容。

（一）开放式编码

开放式编码又称一级编码，要求研究者以一种开放的心态，尽量"悬置"个人的"偏见"和研究界的"定见"，将所有的资料按其本身所呈现的状态进行登录。这是一个将收集的资料打散，赋予概念，然后再以新的方式重新组合起来的操作过程（张家军，2010）。登录的目的是从资料中发现概念类属，对类属加以命名，确定类属的属性和维度，然后对研究的现象加以命名及类属化（王建明和贺爱忠，2011）。在前期的准备工作中，将文字、图片、音频及视频等资料导入NVIVO，包括非介入性二手资料、非遗传承人口述部分、专业人士口述部分以及游客深入访谈四个子文件夹。在逐字逐句的分析过程中，不断进行标签和批注，最终形成60个节点类别，60个节点又对应各自的子节点与参考点。在进行范畴化的过程中，将60个节点归纳成14个具体范畴，对应每一个范畴，依据各语句的出现频次、叙述完整度及其典型性与代表性，选取三条原始资料语句作为其初始概念的细化。

表5.2 开放式编码范畴化

原始资料语句（初始概念）	范畴
A01发自内心地喜欢这种文化使得参观过程中的一点一滴如古老画卷徐徐展开。	B1参观者眼中的非遗
A03就觉得我们中国几千年的文化，给人们留下来的智慧真是不可小觑，就是很了不起。	
A03很亲近，好多人来了以后就会讲："我小的时候我奶奶就会给我扎这个兔子灯"，有的是"我妈妈给我扎这个兔子灯，扎得好大好大，在雪地里拉着跑啊"，会引起这种童年的回忆。	

续表一

原始资料语句（初始概念）	范畴
A07以前可能年纪大的人多一点，现在基本70%的人是年轻人。	B2参观人群结构
A09学生有一些参观的高潮，比如说春游、秋游、暑期。暑期，这里是一些大学生的实践基地。	
A08这边年轻人一般很少，首先这边交通不方便，还有他们也很少关注，然后这些戏剧文化包括评弹，都是老一辈喜欢的。	
A12我只是带着孩子一点一点、一幅图一幅图地看过去，给他讲解，把我知道的告诉他，然后让他自己理解。	B3参观群体伴随行为
A13青铜的我不去看，看不懂。很多人愿意选择轻松，不愿意选择沉重。	
A15他不一定了解这个京剧，但是他就是喜欢戴这个面具，戴着玩的，有些小孩知道京剧人物，他了解后就会买回去，也有成人会买，是出于爱好。	
A17国画卖到上千元，我这个剪纸只有十几元。我学过很多文学，小说也写，诗也写。	B4四类人视角下的非遗价值①
A17情愿你们拿20元钱买一盏灯，我也省事。我何必在这儿，但是我不愿意你们花20元钱拿盏灯就走，我愿意在这儿现场制作，我可以教你们制作，我可以在做的过程当中跟你们讲很多很多的东西。	
A20对我来讲，我从外面的角度去看，从展示水平、展示体系、展示诉求点看是不是把主题做好，情感放在第二位。	
A22可能之前的预期比较平淡吧，来了我觉得有收获就蛮好的。	B5参观者满意度
A23真心希望这门艺术能够保持一个相当的规模，而不要像某些地方曲种一样日渐萎缩、消亡。有时候觉得，地方戏曲在某方面似乎还要胜过京剧，因为它的鲜活。	
A23比预期的好一点吧。没想到有那么多的实物展示，而且这个注释也比较全。	
A25一种作品一定要带有一种情感，一定要有文化在里面。	B6非遗自身的特殊性
A27很有苏州味道的小博物馆，在这里可以了解到关于评弹的各种资料，比如评弹的历史等。院子里还有评弹表演，可以坐下来喝一杯茶，听着抑扬顿挫的调子，慢慢休息。	
A30黄杨木雕和其他材料不同，因为这个材质比较细腻，特别适合雕刻人物。	

①参观者、讲解员、专家以及传承人对于非遗价值的看法。

续表二

原始资料语句（初始概念）	范畴
A31他以前觉得很神奇很奥妙的一个花灯。跟他讲解以后，很简单嘛，也不像想象中的那么难。好多妈妈都说："这怎么做啊，我们都做不来，小朋友做得来？""我说你坐下来你放慢脚步，你不要给20元钱买一个花灯就走了，坐下来让孩子们学一学、做一做。"	B7非遗展示的方式
A31我们非遗课堂也不会有太难的项目，都是剪纸、米塑、做灯笼、画脸谱，然后就是瓯窑。	
A33觉得不好玩那是因为你没有请讲解员，还是需要通过讲解员的介绍去了解原生态的彝族、苗族居住区的历史和人文。	
A34效果有时候就像雕刻机雕塑一样，雕塑就是泥巴放上去敲敲敲出来那个效果，但是你用刀修的话就是光滑的，那个效果有，却不一定好。	B8非遗现状与未来
A35我觉得从国家的这个层面来讲的话，非遗无疑会越来越被关心重视，原来那些非遗传承人可能很多是没有人管的，没有人去问的。	
A37我觉得要考虑一定是要有市场，而不是说用纯政策。因为没有市场，就没有保下来的意义，实际上我们说没有大的未来发展前景，实际上它就可以进入博物馆了。	
A41当时都是为了出国创汇挣钱，有订单我们去做，他们要求做什么，我们就做什么。	B9非遗作品的欣赏与市场
A42说实话真去了解这个脸谱为什么是这个样子的，代表什么意义，然后你要从另外一个角度去看，去欣赏它。	
A43文化的基础不一样，人们的观赏水平都不一样。	
A44现在其实就是经济价值没有上去，如果经济价值上去了就好了。	
A45各种原因不传承了。有几个情况，比如说传承人的身体状况，特别是工艺美术其实就是手艺，当时传承人以这个为职业，是主要收入来源，如果说整个市场没有这个需求，就不能维持。	B10非遗存在的问题
A48感觉通过VR和视频是感觉不到的，针对民俗类的非遗，博物馆即使运用多种展示手段，还是不能替代现场感。	
A49现在我们保护的是三块：一块是项目，一块是基地，一块是传承人，主要保护的是传承人。	
A51当日看见不少小朋友在家长陪同下，在两座博物馆参观，记笔记、敲章，有些人非常认真，这种画面是特别动人的，就像苏州的评弹那样有余韵。特别希望评弹能振作一点，用更多元化更主动的姿态赶上这个时代的步伐。	B11非遗基本概念与要素
A52如果把这类东西当成艺术品的话，和艺术还是搭不上边的，艺术有自己的高度，而这个东西本来就是产自民间的，是老百姓喜闻乐见的，如果把它当成是艺术品，老百姓是不承认的，高端的艺术界也不会承认。	

续表三

原始资料语句（初始概念）	范畴
A53如果在博物馆讲得更多的是历史方面的东西，从远古开始讲到两宋时期，再到改革开放时期，顺着历史的脉络会比较清晰一点。像非遗馆的话现在基本就是独立的，讲一个项目更多要讲发展情况，有时候自己还是要会一点。	B12非遗馆的特殊性
A54现在很多馆也在做改变，都在让文物背后的故事说话。尽可能演绎文物背后有价值、有意义的东西。非遗博物馆最大的特点就是靠近生活。	
A55想了解黎苗文化的值得去，海南一半的文化遗产都在那里。	
A56传承是整个里面最核心的。传承人继承了固有的材料、工艺口诀，做成了一个物体。这个物体的整个制作过程是非物质的，是最有价值的。现在是数字化提供了保留条件。	B13非遗的传承问题
A57小时候我唱这些的人差不多过世了，包括我给孩子讲的一些民间故事，现在很多都失传了。	
A58是让他以后能干这一行，无论以后做什么行业，都能把这个东西融入进去发展它，那这个东西就有生命力了。	
A59其实如果你平时过来的话是没有操作的，平时都是艺人过来操作的，艺人过来操作都是要钱的。比如说一个学校想体验剪纸，我们把艺人请来，这些艺人，相当于跟我们一起的，一节课三四百元。	B14非遗的传播方式
A60其实文化靠活动，活动靠宣传，非遗也是一样，就是通过一些方式融入市民生活，这样的话人们就越来越能够接受。因为这个名称一开始说起来有点拗口，非物质文化遗产，但是又跟物质是息息相关的，都是靠物质去表现。	

（二）主轴编码

主轴编码又称二级编码，开放性编码的主要任务在于发掘归纳基本的范畴，而二级编码更倾向于发展主范畴，发现和建立概念类属之间的各种联系，以表现资料中各个部分之间的有机关联（王建明和贺爱忠，2011）。开放式编码形成的14个范畴对于研究而言，展开难度大、材料零散不集中，方向多元且过于面面俱到。通过分析，我们不难发现开放式编码中节点与节点、节点与子节点、子节点与子节点之间的内在关系，根据不同范畴的相互关系和逻辑层次，自下而上，归纳主范畴，形成树状归纳模式，各主范畴、对应子范畴及其内涵意义如表5.3所示。

表5.3 主轴编码形成的主范畴、对应子范畴及其内涵

范畴	主范畴	对应子范畴	范畴的内涵
D1博物馆非遗参观真实性体验范畴	C1客观本真性范畴	B1非遗传承人	代表非遗传承的灵魂，其真实存在直接影响着参观者对非遗项目的文化崇敬感
		B2非遗传承人的表演	真实的非遗现场展演一定程度上决定着参观者的直观感受与深层体验
		B3非遗原生记录	非遗展示的重要部分，通过文字、图片、视频综合展现非遗项目的真实存在状态
		B4非遗相关展品	同样是非遗展示的重要部分，通常将非遗项目有形化与商品化
		B5博物馆非遗生存环境塑造	博物馆对非遗生存环境的真实还原，侧面展示和验证非遗项目的真实存在
	C2建构本真性范畴	B6非遗展馆氛围营造	重点大多在营造历史陌生感和时间距离感，使非遗展示独立于现代的特殊环境
		B7参观者记忆中的非遗形象	参观者在参观之前对非遗项目有一定的了解与认知
		B8参观者的体验期待	参观非遗项目前，参观者潜意识中会形成一些参观期待
		B9非遗传承人表演状态	传承人高昂饱满的现场表演状态影响参观者对非遗项目的兴趣程度
		B10导览员的讲解水平	强调符合参观者期待、高质量且合理的导览服务
		B11非遗馆标识系统	规划清晰合理的标识体系
		B12非遗科技化展示	结合特殊的科技手段全方面多层次的非遗项目展示
		B13博物馆建筑与非遗的契合	与非遗项目展示相协调的建筑外观风格
		B14参观者的群体行为	参观群体在参观前后及参观过程中的参观方式、行为及购买行为
	C3存在本真性范畴	B15非遗传承现状的关注	主要指参观者对非遗项目历史传承与其存在于现代社会现实状况的关注
		B16参观者的娱乐实现	参观非遗项目实现了游客最基础的娱乐身心的目的
		B17参观者情感体验	参观者在参观博物馆后，获得一些特别的情感体验
		B18参观者观后评价	参观非遗项目后，参观者对非遗展示的正面与负面评价
		B19非遗展示的艺术表达	为了引发关注、激发情感，博物馆常常将非遗项目艺术化呈现与表达
D2博物馆非遗参观人群描述范畴	C4一般参观者范畴	B20基本特征描述	性别、职业、游客来源等
	C5专业人士范畴	B21基本特征描述	职位、工作内容等

（三）选择性编码

选择性编码又称三级编码，在所有已发现的概念类属中经过系统地分析以后选择一个"核心类属"，核心类属必须在与其他类属的比较中一再被证明具有统领性，能够将最大多数的研究结果囊括在一个比较宽泛的理论范围之内。就像是一个渔网的拉线，核心类属可以把所有其他的类属串成一个整体拎起来，起到"提纲挈领"的作用（王建明和贺爱忠，2011）。研究经历了两级编码后，主线逐渐清晰起来，结合研究目的与资料梳理，发掘出主范畴的典型关系结构（表5.4）。

表5.4 主范畴的典型关系结构

典型关系结构	关系结构的内涵	受访者的代表性语句（提炼出的关系结构）
E1 客观真实 → 本真性体验	客观真实即"事实性真实性"，指向物品的原本性，非遗传承人、原生记录等因素是游客本真性体验的基础，它们以客观实在促成本真性体验。	A26在非遗馆里面的东西都是真的，无所谓复制，因为它不是从那个年代过来的，东西都是新的，我现在就可以做一个出来，就算是旧的也是只有几年的历史，不可能上百年上千年。（原真性的展品避开了复制） A26这个就是过去传统的老香包，但是现在很多人不懂了，以为香包应该是香水的味道。其实是不对的，过去的人哪有香水，香水是从国外引进的，这才是我们自己老祖宗传下来的，正宗传统的老香包。（传统与现实情况不一致更易代入真实感）
E2 建构真实 → 本真性体验	建构真实往往投射到旅游产品上，依据个人的真实性判断，掺杂大量的个人和社会影响。建构真实协同客观真实，促成体验的全面化、立体化与形象化，它们以辅助手段促成本真性体验。	A31槟榔谷是很具有海南特色的一个景区，每次有朋友来想了解本地的风土民情我都会推荐此地。景区内有大片的槟榔林，可以看到"野人"表演，还有很有特色的黎族姑娘的手工艺品展示、老阿婆的黎族织锦展示，可以参观黎族姑娘的闺房和婚房，体验当地的婚俗风情。（传承人的表演易于让参观者体验当地风情） A33志愿讲解员娓娓道来，昆曲的魅力随之展现。（讲解利于非遗本身的情景化理解）

续表

典型关系结构	关系结构的内涵	受访者的代表性语句 （提炼出的关系结构）
E3 存在真实 → 本真性体验	存在真实即与活动相关的某种状态，短暂的自我体验中，游客处于"成为"的存在状态，寻到本真的自我，这些情感体验往往能够促成本真性体验。	A11超喜欢的一个景区，很喜欢这种民俗的地方。总觉得能够探秘黎族或者黑苗人的日常生活生产及习俗是一件很神奇又神秘的事情。（感受到自身行为的探索性和主动性） A11从服饰、食物到信仰都可以了解。黎族女人身上的文身给我印象很深刻，看着她们坐在地上勤劳地织布，感觉到生命的力量。（由非遗产生深层次的对生命的力量的感知）

基于以上的典型关系结构确立"本真性体验的促成因素"这一核心范畴。以此为基础，借鉴王宁（1999）的本真性概念发展阶段划分相关理论与描述，本研究建构和发展出一个针对博物馆非物质文化遗产全新的本真性体验促成要素框架，如图5.33所示。

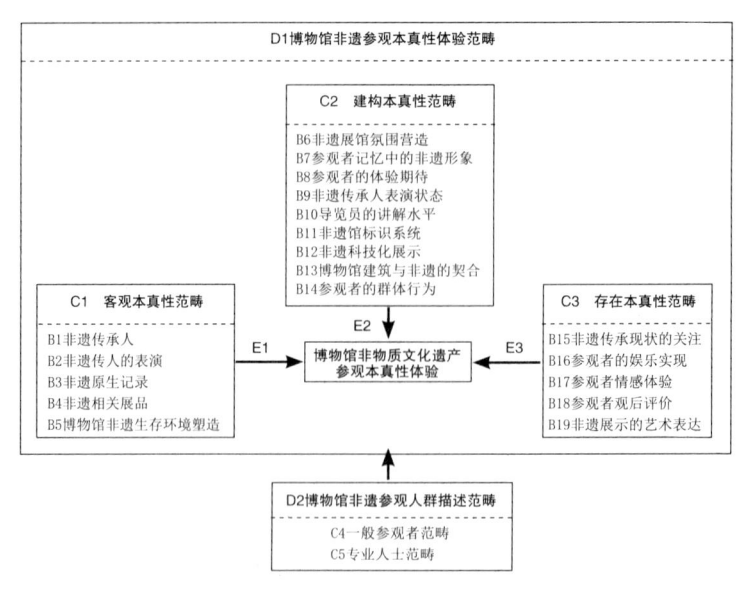

图5.33 本真性体验的促成要素

第五章 显现

二、本真性体验的促成因素模型建构

由图5.33显示：促成博物馆非物质文化遗产参观本真性体验的因素涉及建构本真性、客观本真性以及存在本真性三大范畴。

第一，占据主导因素的是建构本真性范畴中的非遗展馆氛围营造、非遗馆标识系统、非遗科技化展示、博物馆建筑与非遗的契合、参观者记忆中的非遗形象、参观者的体验期待、参观者的群体行为、非遗传承人的表演状态、导览员的讲解水平。以上各要素综合体现了博物馆、社会与人三者的建构结果。人们对参观的对象既没有绝对的衡量标准，也不会强调对象存在的真实。而且，人们的发现或认识远不如博物馆想要传达的那么多。相反，参观者会依据他们对参观的理解和认识，凭借自己对事物所持的观点、信仰、情感、经验和意识来验证、修正这些参观内容，使之与历史和社会文化的影响复杂地缠绕在一起，最终建构对他们而言的本真体验。当然，这些都源于人们的理解、实践和语言等方面。

第二，存在本真性范畴下的各项促成因素包含主体与主体在具体活动中获得的情感或感受。如该范畴下的"参观者的娱乐实现""参观者情感体验"。博物馆非物质文化遗产的特殊性促使人们产生更多怀旧情感或浪漫主义情怀，怀揣着人们对自由、天真、自然、纯洁、真实等更多的期待和想象。这些都可以在博物馆的参观过程中得以实现。这些因素也体现存在本真性的两个表现维度：内心的本真和人际的本真（Wang，1999）。特别值得一提的是范畴中的对"非遗传承现状的关注"这个促成因素。正是因为人们自身主导的生活与非遗传统在时空上出现分离，人们在参观和与传承人交流互动的体验中产生的回忆与怀旧似乎变成了一种更值得追求的境界（Sharpley，

157

1994)。人们对非遗现状的担忧和关注来源于对过去文化地的参观形成自己对此时空的理解和认知,从而逐渐实现对自我身份的建立和认同,因此,存在本真性体验来源于参观者对博物馆客体的识别过程。

第三,客观本真性同时也涉及人们对博物客体形成的本真体验。人们同样关心物质方面的眼见为实,如传承人及其表演、非遗历史的描述及其物质载体、博物馆建筑及周围环境等,并会对其产生一个衡量标准,这些都代表着参观者价值观的知识性偏好,着眼于对博物馆客体本真性的追求与欣赏。

第五章　显现

第三节　本真性体验指标体系研究

依据研究方法的设计思路，在质性分析的基础上融入参观者对五大博物馆非物质文化遗产参观的本真性体验数据，从而科学地分析博物馆在非物质文化遗产展示中是如何于若干层面唤起游客的本真性体验情感感知，并在此基础上提取游客对博物馆非物质文化遗产本真性体验的重要影响因子，最终依据结果提出促进游客博物馆非物质文化遗产参观本真性体验的针对性举措。

此阶段以中国昆曲博物馆（江苏苏州）、杭州工艺美术博物馆群（浙江杭州）、温州市非物质文化遗产馆（浙江温州）、三亚槟榔谷国家级非物质文化遗产生产性保护示范基地（海南三亚）、南京市非物质文化遗产博物馆·甘家大院（江苏南京）五大博物馆作为调查和研究的对象，实地走访并在选取的五个博物馆中进行了电子问卷调查，共收回有效问卷319份。

一、描述性统计分析

（一）人口统计学特征

为了能详细深入了解被调查者的背景，本研究采用频数分析对相关数据进行分析。

由表5.5可知，前往五大博物馆参观非物质文化遗产项目的参观者，其性别结构较为均衡。有效样本中，男性参观者140人，约占总被调查人数的44%，女性参观者179人，约占样本总数的56%。在参观者的年龄构成上，18—30岁的参观者有247人，约占被调查者的77%，其数量远远超过其他年龄段的参观者，可见五大博物馆非物质文化遗产展示更加吸引青壮年参观者前来游览。其次，31—45岁参观者有43人，占被调查者的比重较大。而18岁以下、46—60岁和60岁以上的参观者相对较少，共约占被调查者的9%。在参观者学历部分，本科学历的参观者最多，占被调查者总人数的42%，依次往下排名是大专学历、研究生及以上学历、高中及职高学历以及初中及以下学历。这说明前来博物馆参观非物质文化遗产的游客文化程度相对较高，这同时也是文化旅游的重要特点。博物馆作为人类物质文明与精神文明的集散地，将非物质文化遗产作为展览主题，确实吸引了许多文化程度较高的参观者前来游览与体验。在参观者职业构成中，学生群体是五大博物馆非物质文化遗产参观的主要群体，参观者数量175人，远远超出其他职业参观群体，自由职业者、专业及文教技术人员、办事人员和有关人员、企事业单位负责人、商业和服务性工作人员参观数量相对均衡。学生群体时间较为灵活以及其求知探索的本性，让其对博物馆非物质文化遗产的展示更加有兴趣。对于参观者个人月均收入，可支配收入1500元以下的有107人，1501—3000元的有86人，这两部分相对突出明显，可能由于学生群体占被调查者比重较高。其中，月可支配收入3001—5000元、5001—7000元、7001—10000元、10001—15000元、150001—20000元的参观者数量，随着越可支配收入的增加，数量逐渐减少。但是参观者中月可支配收入在20001元以上的有13人，这表明博物馆非物质文化遗产对高收入群体也有一定的吸引力。

表5.5 有效样本的人口统计学特征（N=319）

统计项目	具体内容及占比		
性别结构	男 43.9%	女 56.1%	
年龄构成	18岁以下 4.4%	18—30岁 77.4%	31—45岁 13.5%
	46—60岁 4.1%	60岁以上 0.6%	
学历构成	初中及以下 4.4%	高中及职高 8.5%	大专 25.4%
	本科 42.0%	研究生及以上 19.7%	
职业构成	国家机关党群组织 2.8%	企事业单位负责人 6.0%	专业及文教技术人员 9.4%
	办事人员和有关人员 7.2%	商业和服务性工作人员 5.3%	演艺界人士 0.3%
	自由职业者 10.0%	离退休人员 1.6%	学生 54.9%
	工人及农民 2.5%		
个人月均收入	1500元以下 33.5%	1501—3000元 27.0%	3001—5000元 16.3%
	5001—7000元 10.7%	7001—10000元 5.3%	10000—15000元 1.9%
	15001—20000元 1.3%	20001元以上 4.1%	

（二）调查样本的其他特征

1.参观目的

根据对博物馆旅游游客的动机研究，并结合非物质文化遗产展示自身的特点，参观五大博物馆非物质文化遗产的目的被分为十大类（见表5.6）。

表5.6 参观五大博物馆非遗的目的

参观目的	旅游度假	与家人外出游玩	带小孩学知识	了解当地非遗	了解当地民俗风情
所占比例	55.2%	22.9%	16.6%	61.8%	58.6%
参观目的	了解当地历史文化	欣赏独特的建筑风格	探亲访友	研究和工作需要	文化交流
所占比例	49.8%	33.9%	7.8%	11.6%	10.3%

表5.6表明，以了解当地非物质文化遗产、民俗风情与历史文化为目的比例较高，平均占比56.7%，可见，与非物质文化遗产相关的历史与文化成为参观者选择博物馆游览的主要目的；旅游度假也成为博物馆非物质文化遗产参观的重要目的之一；以欣赏独特的建筑风格、与家人外出游玩、带小孩学知识、研究和工作需要、文化交流、探亲访友等为参观目的虽然占比不高，但间接显示出博物馆作为公共文化机构，在人们出游目的地选择上已展示出广泛的大众需求导向。

2.信息获取途径

由表5.7可知，微博、微信成为参观者获取博物馆非物质文化遗产相关信息的主要途径，其次是通过电视、广播、网络和亲友途径获取信息，而从旅行社，旅游报刊、旅游宣传册和携程、去哪儿、美团平台获取信息的参观者较少。这表明，游客参观博物馆非物质文化遗产的信息获取行为相对于被动接受更喜欢较为自主地收集与获取信息，旅行社，旅游报刊、旅游宣传册和携程、去哪儿、美团平台成为信息获取的辅助渠道。

表5.7 信息获取途径

信息来源	亲友	旅游报刊、旅游宣传册	携程、去哪儿、美团平台
所占比例	34.2%	20.1%	19.4%
信息来源	微信、微博	电视、广播、网络	旅行社
所占比例	49.5%	42.6%	15.0%

3.较为期待的非遗项目

由表5.8得知，传统手工技艺项目成为博物馆非物质文化遗产参观过程中最受关注的非遗项目，这可能是因为传统手工技艺更加趣味化、形象化。它吸引着更多的参观者现场观看传承人手工艺表演，并能够较为轻松地参与其中。其次是民俗、民间文学、民间音乐、民间舞蹈、民间美术项目，而传统戏剧、杂技与竞技、传统医学、曲艺受到了较少的期待与关注。

表5.8 较为期待的非遗项目

非遗项目	民间文学	民间音乐	民间舞蹈	传统戏剧	曲艺	杂技与竞技
所占比例	39.2%	38.6%	37.3%	29.5%	9.1%	24.1%
非遗项目	民间美术	传统手工技艺	传统医学	民俗	其他	
所占比例	35.4%	56.1%	20.1%	49.2%	7.5%	

二、数据分析

首先，对涉及博物馆非物质文化遗产本真性体验的45个选项进行信度与效度检验。其次，采用"因子分析法"来确定影响性展示与本真性体验的重要因素。本书的定量部分数据使用SPSS23软件进行分析。

表5.9 评价指标

指标序号	评价内容	指标序号	评价内容
X1	我在参观前就对馆内非遗有一定了解	X24	我非常享受该非遗项目的文化氛围
X2	周边自然风光和历史文化衬托博物馆主题	X25	我在参观中能感受到历史发展和时间推移
X3	博物馆整体建筑风格符合主题	X26	我在参观过程中总是想到过去
X4	馆内与非遗相关的藏品众多	X27	我觉得展品和场景几乎是复原的
X5	馆内的非遗类展品大多贴近日常生活	X28	我对传承人的现场表演非常感兴趣
X6	我能够很好地观赏传承人的现场表演	X29	我总是能积极参与博物馆的互动体验活动
X7	我能近距离地观赏大部分展品	X30	此次参观中体验到了以下情感（感动）
X8	博物馆整体氛围很有特色	X31	此次参观中体验到了以下情感（怀念）
X9	博物馆让我对历史和文化有了更多了解	X32	此次参观中体验到了以下情感（兴奋）
X10	博物馆真实地描绘了不同时代的生活习俗	X33	此次参观中体验到了以下情感（惊喜）

续表

指标序号	评价内容	指标序号	评价内容
X11	馆内路标与指示牌清晰，使参观变得方便	X34	此次参观中体验到了以下情感（赞叹）
X12	馆内导览手册的内容丰富详尽	X35	此次参观中体验到了以下情感（赏心悦目）
X13	馆内展板和藏品展示融为一体，非常充实	X36	此次参观中体验到了以下情感（似曾相识）
X14	非遗主题能与历史事件、人物和场景相联系	X37	此次参观中体验到了以下情感（轻松快乐）
X15	历史场景复原和仿真模型极其真实	X38	此次参观中体验到了以下情感（身临其境）
X16	我很喜欢各式各样的游戏互动	X39	此次参观中体验到了以下情感（意犹未尽）
X17	现代化高科技的展示手段让我大开眼界	X40	整体上看，我对这次博物馆参观十分满意
X18	传承人的现场表演让人惊叹，还原了历史	X41	这次参观的感受远远高于我的期望值
X19	与非遗相关的纪念品让我爱不释手	X42	我此次来博物馆参观的目的得以实现
X20	工作人员为我提供了很好的服务	X43	我愿意再次来此参观
X21	馆内配套设施十分便利	X44	我愿意向亲朋好友推荐该博物馆
X22	参观过程我身心放松，似乎走进儿时的时光	X45	我认为博物馆是了解非遗最好的方式
X23	博物馆的展示激发了我对非遗文化的兴趣		

（一）因子分析适当性检测

要评判所采集到的数据是否适合做因子分析，目前最常用的还是基于标准化项的克隆巴赫Alpha信度系数法。本量表的克隆巴赫Alpha值为0.978，说明问卷内部各项目之间存在高度的一致性，问卷具有较高的稳定性与可靠性。

统计学家Kaiser给出的标准，KMO取值大于0.9，表明效度较高。巴特利特（Bartlett）球形检验给出的显著性值为0.00，小于显著性水平0.05，表明原始变量之间存在着较强的相关性，这些数值都非常适合于因子分析。

表5.10 可靠性统计

克隆巴赫Alpha	基于标准化项的克隆巴赫Alpha	项数
.978	.978	45

表5.11 KMO和巴特利特检验

KMO取样适切性量数		.966
巴特利特球形检验	近似卡方	14321.476
	自由度	990
	显著性	.000

（二）公共因子提取

本研究在因子分析时，主要采用主成分分析法，主成分个数提取原则为主成分对应的特征值大于1的前m个主成分。特征值在某种程度上可以被看成是表示主成分影响力度大小的指标，如果特征值小于1，说明该主成分的解释力度还不如直接引入一个原变量的平均解释力度大，因此一般可以用特征值大于1作为纳入标准。利用因子分析对五大博物馆非物质文化遗产参观者本真性体验的各项指标进行归类筛选，验证变量的数据结构是否与原设定结构的指标吻合。为了方便后续分析，使分析结果更直观和清晰，我们对评价指标的原设定结构进行调整。

通过表5.12（总方差解释）可知，提取4个主成分，即m=4，可以认为这4个因子提供了原始数据的大部分信息，因子提取有效。

第一个因子的方差贡献率为51.841%，即第一个因子对整体本真性的影响呈现度非常高，远高于另外三个因子的影响总和。所以，为了确定4个因子分别由哪些指标构成,需要对因子载荷进行"方差最大化旋转"。

从表5.12的因子载荷、初始特征值可知,五大博物馆非物质文化遗产参观者本真性体验的相关指标可以归纳为四大因子,4个因子最终累积解释了69.087%的变异量,即概括了原始变量近七成的信息,因子提取有效。

表5.12 因子分析

主成分	指标序号	评价内容	因子载荷	初始特征值 总计	初始特征值 方差百分比	初始特征值 累积	依赖度 信度系数	依赖度 总信度系数
建构真实性14	X8	博物馆整体氛围很有特色	0.67	23.328	51.841%	51.841%	0.963	0.978
	X9	博物馆让我对历史和文化有了更多了解	0.625					
	X10	博物馆真实地描绘了不同时代的生活习俗	0.712					
	X11	馆内路标与指示牌清晰,使我参观变得方便	0.691					
	X12	馆内导览手册的内容丰富详尽	0.583					
	X13	馆内展板和藏品展示融为一体,非常充实	0.726					
	X14	非遗主题能与历史事件、人物和场景相联系	0.726					
	X15	历史场景复原和仿真模型极其真实	0.722					
	X16	我很喜欢各式各样的游戏互动	0.696					
	X17	现代化高科技的展示手段让我大开眼界	0.741					
	X18	传承人的现场表演让人惊叹,还原了历史	0.731					
	X19	与非遗相关的纪念品让我爱不释手	0.647					
	X20	工作人员为我提供了很好的服务	0.684					
	X21	馆内配套设施十分便利	0.668					

续表一

主成分	指标序号	评价内容	因子载荷	初始特征值 总计	初始特征值 方差百分比	初始特征值 累积	依赖度 信度系数	依赖度 总信度系数
存在真实性18	X22	参观过程我身心放松，似乎走进儿时的时光	0.778	5.137	11.415%	63.256%	0.947	0.978
	X23	博物馆的展示激发了我对非遗文化的兴趣	0.747					
	X24	我非常享受该非遗项目的文化氛围	0.769					
	X25	我在参观中能感受到历史发展和时间推移	0.784					
	X26	我在参观过程中总是联想到过去	0.751					
	X27	我觉得展品和场景几乎是复原的	0.701					
	X28	我对传承人的现场表演非常感兴趣	0.627					
	X29	我总是能积极参与博物馆的互动体验活动	0.631					
	X30	此次参观中体验到了以下情感（感动）	0.785					
	X31	此次参观中体验到了以下情感（怀念）	0.719					
	X32	此次参观中体验到了以下情感（兴奋）	0.86					
	X33	此次参观中体验到了以下情感（惊喜）	0.822					
	X34	此次参观中体验到了以下情感（赞叹）	0.811					
	X35	此次参观中体验到了以下情感（赏心悦目）	0.843					
	X36	此次参观中体验到了以下情感（似曾相识）	0.814					
	X37	此次参观中体验到了以下情感（轻松快乐）	0.821					
	X38	此次参观中体验到了以下情感（身临其境）	0.783					
	X39	此次参观中体验到了以下情感（意犹未尽）	0.844					

续表二

主成分	指标序号	评价内容	因子载荷	初始特征值 总计	初始特征值 方差百分比	初始特征值 累积	依赖度 信度系数	依赖度 总信度系数
满意度与忠诚度 6	X40	整体上看，我对这次博物馆参观十分满意	0.603	1.455	3.233%	66.490%	0.944	0.978
	X41	这次参观的感受远远高于我的期望值	0.644					
	X42	我此次来博物馆参观的目的得到实现	0.66					
	X43	我愿意再次来此参观	0.756					
	X44	我愿意向亲朋好友推荐该博物馆	0.694					
	X45	我认为博物馆是了解非遗最好的方式	0.613					
客观真实性 7	X1	我在参观前就对馆内非遗有一定了解	0.639	1.169	2.597%	69.087%	0.901	
	X2	周边自然风光和历史文化衬托博物馆主题	0.661					
	X3	博物馆整体建筑风格符合主题	0.685					
	X4	馆内与非遗相关的藏品众多	0.614					
	X5	馆内的非遗类展品大多贴近日常生活	0.586					
	X6	我能够很好地观赏传承人的现场表演	0.515					
	X7	我能够近距离地观赏大部分展品	0.589					

因子提取后，采用克隆巴赫Alpha信度系数来检验各因子的信度。由表5.12可知，经过因子分析后得到的四大因子的信度系数分别为0.963、0.947、0.944和0.901，总信度系数为0.978，说明关于五大博物馆非物质文化遗产参观者本真性体验的相关指标内部结构一致性非常高，有很高的可信度。

经过因子分析之后的结果显示，客观本真、建构本真、存在本真仍然在博物馆情境下的非物质文化遗产本真性体验中充分体现。依据表5.12显示，需要对其中所包含的对应因子进行命名，以明确公共因子所包含的确切信息。第一个公共因子在建构本真的指标上有较大载荷，因此第一个公共因子可以命名为"建构真实性因子"。第二个因子在所有的存在本真的指标上有较大载荷，因此第二个公共因子可以命名为"存在真实性因子"。第三个公共因子在满意度与忠诚度指标上有较大载荷，因此命名为"满意度与忠诚度因子"。第四个公共因子在客观真实性指标上有较大载荷，因此命名为"客观真实性因子"。

通过对四个公共因子贡献率的考察（表5.13），"建构真实性"因子的相对权重超过了75%，是影响参观者对非物质文化遗产本真性体验的最重要因素。影响程度位居第二的是"存在真实性"因子，相对权重仅约为16.5%。

表5.13 公共因子解释

公共因子	F1	F2	F3	F4
高载荷指标	X8、X9、X10、X11、X12、X13、X14、X15、X16、X17、X18、X19、X20、X21	X22、X23、X24、X25、X26、X27、X28、X29、X30、X31、X32、X33、X34、X35、X36、X37、X38、X39	X40、X41、X42、X43、X44、X45	X1、X2、X3、X4、X5、X6、X7
因子命名	建构真实性	存在真实性	满意度与忠诚度	客观真实性
特征值	23.328	5.137	1.455	1.169
贡献率	51.841%	11.415%	3.233%	2.597%
相对权重	75.038%	16.523%	4.68%	3.759%

注：相对权重计算方式为公共因子特征值/公共因子特征值之和（F1+F2+F3+F4=69.086）。

经过因子分析后，从图5.34可知，维度一包括14个指标：氛围独特性、历史与文化传播效用、非遗展示真实性、标识清晰程度、导览手册详尽程度、史料展示充实程度、非遗主题相关展示程度、非遗存在环境真实性、游戏互动趣味性、高科技利用程度、传承人表演的精湛程度、纪念品精致程度、工作人员服务水平和配套设施便利程度。该维度为建构真实性。

维度二包含18个指标，具体包括身心放松、催生兴趣、享受文化氛围、感知历史推移、联想过去、真实再现感、现场表演的趣味性、互动活动的可体验性和十大情感感知（感动、怀念、兴奋、惊喜、赞叹、赏心悦目、似曾

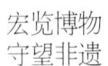

相识、轻松快乐、身临其境、意犹未尽)。该维度为存在真实性。

维度三包括6个指标，具体包括总体满意程度、期待实现程度、目的达成程度、二次参观意愿、推荐意愿和博物馆展示非遗的认同程度。该维度为满意度与忠诚度。

维度四包含7个指标，具体包括参观者非遗了解程度、周边文化历史衬托感、建筑风格相符程度、藏品非遗相关性、展品日常生活性、传承人表演可观性和展品观赏距离感，与原初结构相一致，该维度为客观真实性。

至此，最终形成的博物馆非物质文化遗产参观者本真性体验指标体系如图5.34所示，共包含四个维度45个指标，四个维度为：建构真实性、存在真实性、满意度与忠诚度和客观真实性。

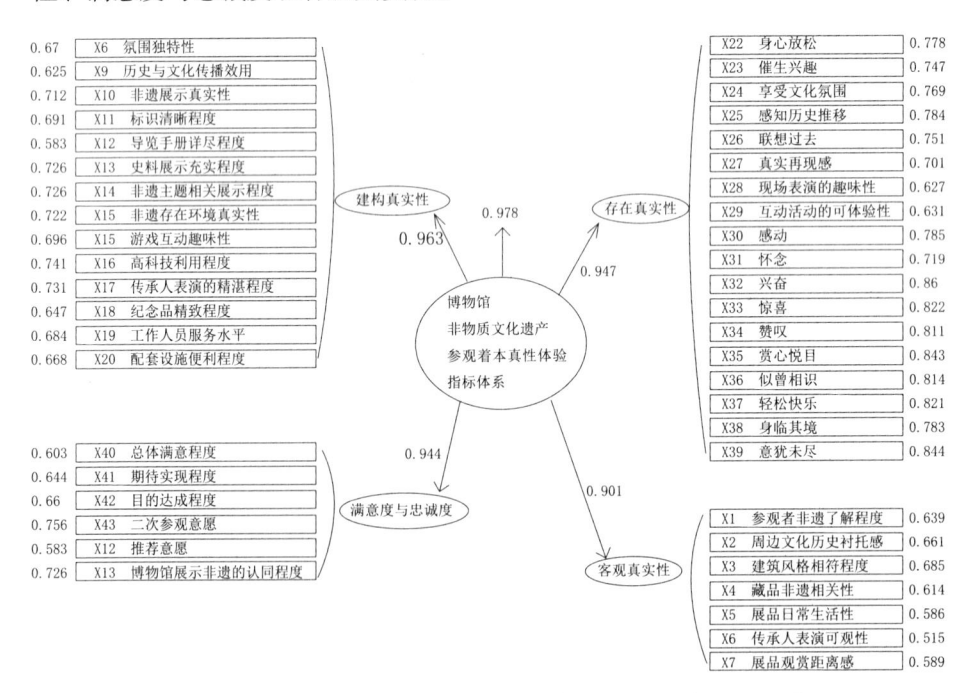

图5.34 博物馆非物质文化遗产本真性体验定量指标体系

(三)公共因子的相关性分析

在以上结果的基础上,本研究尝试运用SPSS23对四个公共因子进行双变量相关性分析,目的是深入探究变量之间是否存在相互依赖的密切关系,以及它们之间的相关程度。根据迄今为止提出的较多相关性变量指标,结合因子分析结果中的定量指标呈现出的基本性质,我们选择用Pearson相关系数来描述变量之间相联系的程度。Pearson相关系数是Karl Pearson在19世纪80年代提出的,并沿用至今。用字母r来描述相关系数,从不同的角度看它会被赋予不同的意义;而且r通常被看作两个随机变量之间线性相关的强弱指标,取值在-1—1。r的值越接近1,表示两个变量正相关,线性相关性越强;越接近-1,表示负相关;接近或者等于0,表示两个变量之间的线性关系很弱或不是线性关系(樊嵘、孟大志和徐大舜,2014)。

本研究在做相关性分析之前,首先通过数据加权求和的方式获得建构真实性(F1)、存在真实性(F2)、满意度与忠诚度(F3)、客观真实性(F4)的相应数值,之后在此数据基础上导入分析软件,进行两两比较,结果如下(见表5.14—表5.17)。

由表5.14可知,建构真实性(F1)与存在真实性(F2)之间呈正相关关系,Pearson相关系数为0.734,即存在中度相关关系。

表5.14 建构真实性与存在真实性的相关矩阵

因子	内容	存在真实性F2
建构真实性F1	Pearson 相关性	0.734**
	显著性(双侧)	0.000
	N	319

注:**表示在 0.01 水平(双侧)上显著相关。

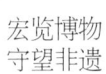

由表5.15可知，建构真实性（F1）与客观真实性（F4）之间呈正相关关系，Pearson相关系数为0.829，接近数值1，即两者存在高度相关关系。

表5.15 建构真实性与客观真实性的相关矩阵

因子	内容	客观真实性F4
建构真实性F1	Pearson 相关性	0.829**
	显著性（双侧）	0.000
	N	319

注：**表示在0.01水平（双侧）上显著相关。

由表5.16可知，存在真实性（F2）与客观真实性（F4）之间呈正相关关系，Pearson相关系数为0.623，即存在中度相关关系。

表5.16 存在真实性与客观真实性的相关矩阵

因子	内容	客观真实性F4
存在真实性F2	Pearson 相关性	0.623**
	显著性（双侧）	0.000
	N	319

注：**表示在0.01水平（双侧）上显著相关。

由表5.17可知，真实性三维度中建构真实性（F1）、存在真实性（F2）、客观真实性（F4）和满意度与忠诚度（F3）在0.01显著水平上两两呈正相关关系。在真实性三维度和满意度与忠诚度的相关关系中，最大的是建构真实性，其次是存在真实性，最后是客观真实性。其中，建构真实性（F1）、存在真实性（F2）、客观真实性（F4）和满意度与忠诚度（F3）之间的Pearson相关系数分别是为0.769、0.761、0.659，即都存在中度相关关系。

表5.17 真实性三维度和满意度与忠诚度的相关矩阵

因子	内容	满意度与忠诚度F3
建构真实性F1	Pearson 相关性	0.769**
	显著性（双侧）	0.000
	N	319
存在真实性F2	Pearson 相关性	0.761**
	显著性（双侧）	0.000
	N	319
客观真实性F4	Pearson 相关性	0.659**
	显著性（双侧）	0.000
	N	319

注：**表示在0.01 水平（双侧）上显著相关。

0.67	X6 氛围独特性		X22 身心放松	0.778
0.625	X9 历史与文化传播效用		X23 催生兴趣	0.747
0.712	X10 非遗展示真实性		X24 享受文化氛围	0.769
0.691	X11 标识清晰程度		X25 感知历史推移	0.784
0.583	X12 导览手册详尽程度		X26 联想过去	0.751
0.726	X13 史料展示充实程度		X27 真实再现感	0.701
0.726	X14 非遗主题相关展示程度		X28 现场表演的趣味性	0.627
0.722	X15 非遗存在环境真实性		X29 互动活动的可体验性	0.631
0.696	X15 游戏互动趣味性		X30 感动	0.785
0.741	X16 高科技利用程度		X31 怀念	0.719
0.731	X17 传承人表演的精湛程度		X32 兴奋	0.86
0.647	X18 纪念品精致程度		X33 惊喜	0.822
0.684	X19 工作人员服务水平		X34 赞叹	0.811
0.668	X20 配套设施便利程度		X35 赏心悦目	0.843
			X36 似曾相识	0.814
			X37 轻松快乐	0.821
			X38 身临其境	0.783
			X39 意犹未尽	0.844
0.603	X40 总体满意程度			
0.644	X41 期待实现程度			
0.66	X42 目的达成程度		X1 参观者非遗了解程度	0.639
0.756	X43 二次参观意愿		X2 周边文化历史衬托感	0.661
0.583	X12 推荐意愿		X3 建筑风格相符程度	0.685
0.726	X13 博物馆展示非遗的认同程度		X4 藏品非遗相关性	0.614
			X5 展品日常生活性	0.586
			X6 传承人表演可观性	0.515
			X7 展品观赏距离感	0.589

建构真实性 → 0.734 → 存在真实性
0.978
0.963 0.947
博物馆非物质文化遗产参观者本真性体验指标体系
0.761
0.769   0.623
满意度与忠诚度
0.944   0.901
0.659 客观真实性

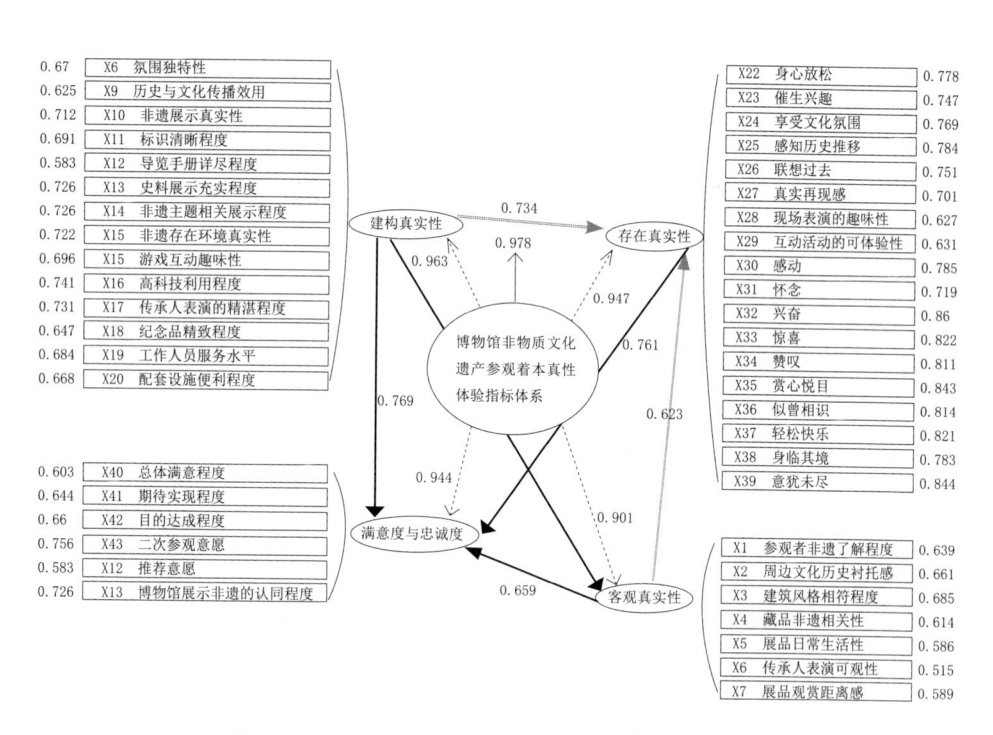

图5.35 含指标体系的公共因子相关性分析结果

173

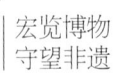

三、定性融合定量的数据结果

借助NVIVO工具得出的定性范畴融合SPSS所做出的定量指标，研究最终得出博物馆非物质文化遗产本真性体验的构成体系。

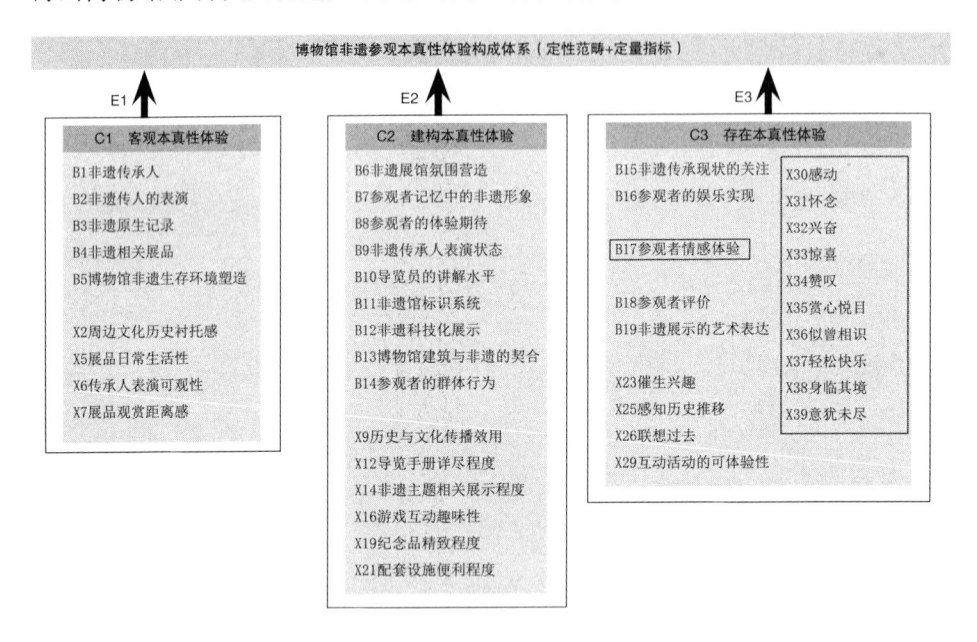

```
博物馆非遗参观本真性体验构成体系（定性范畴+定量指标）

        ↑E1                      ↑E2                      ↑E3
┌─────────────────┐     ┌─────────────────┐     ┌──────────────────────────┐
│ C1 客观本真性体验 │     │ C2 建构本真性体验 │     │ C3 存在本真性体验         │
│                 │     │                 │     │                          │
│B1非遗传承人      │     │B6非遗展馆氛围营造 │     │B15非遗传承现状的关注│X30感动│
│B2非遗传人的表演   │     │B7参观者记忆中的非遗形象│ │B16参观者的娱乐实现  │X31怀念│
│B3非遗原生记录    │     │B8参观者的体验期待 │     │                     │X32兴奋│
│B4非遗相关展品    │     │B9非遗传承人表演状态│    │B17参观者情感体验     │X33惊喜│
│B5博物馆非遗生存   │     │B10导览员的讲解水平│    │                     │X34赞叹│
│  环境塑造        │     │B11非遗馆标识系统 │     │B18参观者评价        │X35赏心悦目│
│                 │     │B12非遗科技化展示 │     │B19非遗展示的艺术表达 │X36似曾相识│
│X2周边文化历史衬托感│    │B13博物馆建筑与非遗的契合│                      │X37轻松快乐│
│X5展品日常生活性   │     │B14参观者的群体行为│    │X23催生兴趣         │X38身临其境│
│X6传承人表演可观性 │     │                 │     │X25感知历史推移      │X39意犹未尽│
│X7展品观赏距离感   │     │X9历史与文化传播效用│   │X26联想过去         │       │
│                 │     │X12导览手册详尽程度│    │X29互动活动的可体验性 │       │
│                 │     │X14非遗主题相关展示程度│ │                    │       │
│                 │     │X16游戏互动趣味性 │     │                    │       │
│                 │     │X19纪念品精致程度 │     │                    │       │
│                 │     │X21配套设施便利程度│    │                    │       │
└─────────────────┘     └─────────────────┘     └──────────────────────────┘
```

图5.36　博物馆非物质文化遗产本真性体验构成体系（定性范畴+定量指标）

（一）客体原真性影响整体满意度与本真性体验：被动体验—主动参与

在因子分析的指标体系中，"满意度与忠诚度"的相对权重（4.68%）的高于"存在本真性体验"（3.759%）0.9个百分点。而此在公共因子相关性结果来看，客观真实性和满意度与忠诚度之间的Pearson相关系数为0.659，呈正相关，即人们对非物质文化遗产博物馆的参观体验满意度较高。从受访材料上看，最满意的一点，也是非遗博物馆的最大特色在于"原汁原味"。如苏州评弹博物馆，其"原汁原味"具体体现在以下几点：①原汁原味地展示了评弹的前世今生、花絮典故；②让参观者原汁原味地欣赏到了姑苏古韵"苏州评弹"；③让参观者原汁原味地感受到当时欣赏评弹的那种环境——惬意：一杯清茶，一碟瓜子。博物馆的这种原汁原味给参观者带来的本真体验是：第一，由原本对该非遗的不喜欢转化为喜欢，"实在听不懂，但真心觉得好听"（苏州评弹博物馆参观者访谈，张某，2017年10月15日）；第二，当一种非遗项目在参观者心目中成为一座城市的标志，一种文化的判断时，原来的被动体验会转化为主动体验，有助于人们获得更真实的情感体验，甚至对他们的体验活动施加个人影响，使参观者产生如下的体验行为与感受——"这次来，终于遇上评弹表演了，好好听！尽管我一句也听不懂他们说的是啥，虽然不懂，但吴侬软语很有韵味。作为外地人，听不懂苏州话，但是也深深地被吸引住了"（苏州评弹博物馆参观者访谈，严某，2017年10月15日）。

实际上博物馆提供这些带有娱乐的、休闲体验性质的项目，营造惬意舒适的参观环境的所有目的还是要吸引参观者的参与：由被动参与到主动参与，由吸引式体验到浸入式体验（见图5.37）。

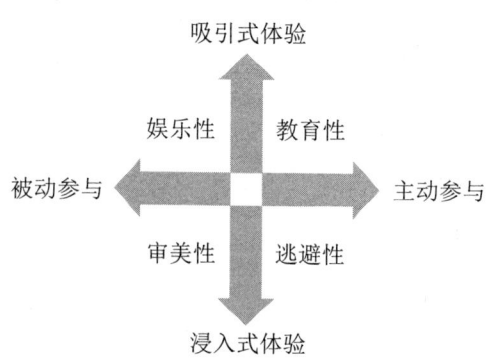

图5.37 体验的范围
资料来源：B.约瑟夫·派恩二世（2008），《体验经济》。

按B.约瑟夫·派恩二世（2008）在《体验经济》中的研究，由被动参与到主动参与只是完成体验的第一种维度（图5.37中横坐标）。要实现从吸引式体验走向浸入式体验，必定要使参观者与相关背景环境关联。这种关联促使把参观者体验活动结合到一起，如南京博物馆·民国馆、南京博物馆非物质文化遗产馆·大戏台、中国昆曲博物馆和苏州评弹博物馆·小剧场等，参观者犹如置身那个年代。B.约瑟夫·派恩二世（2008）曾明确指出，如果是体验"走向"参观者，那么对参观者来说它们就是吸引式体验："下了火车，吃了点，就直奔评弹馆""每次去苏州必去评弹博物馆听评弹的，买张状元桌的票，听听评弹，泡杯茶喝喝，惬意啊"（引自苏州评弹博物馆网上点评及参观者留言）。

反之，如果是宾客"走向"体验，那么他们就是在浸入式体验："三弦琵琶声一起，孩子就被吸引了，绘声绘色的表演，耳熟能详的旋律，糯米嗲额的说辞评话让孩子足足待了两个小时都不想走""唱到好处，大家齐声喝彩，中间还有三个外国人，不知道听不听得懂，反正也是聚精会神的样子"（引自评弹博物馆网上点评及参观者留言）。

（二）非遗的现场活态展示是获得本真体验的直通车

传承人工作状态的过程展示，特别是技艺类非物质文化遗产现场展示，在麦康奈尔看来会使人产生一种虚幻感（MacCannell，2008），同时也是让人们进入了神秘的"后台"。后台有"真实和亲密"的东西，而不是"表演"的东西（MacCannell，2008）。这种亲密和亲近其实就是维护人际关系、社会道德的核心因素，在社会关系中超越了距离，在伦理关系中超越了理性，因此人们会觉得更加真实。虽然在专业人士看来这种展示也只不过是表演，但人们往往会兴奋于自己看到的东西，认为自己已走进该对象的内部，亲身参与意味着一种真实的经历感。"但凡去苏州必须去评弹博物馆坐上一个下午，那才是人生"（评弹博物馆网上点评及参观者留言）。在麦康奈尔看来，一次真正的旅游（旅行）经历不仅包括将一个标志和景物相连，而且包括参与一个集体的仪式，给予已经有很多标志的景物一个自己的标志，即创造旅游者自身与景物之间的联系（MacCannell，2008）。

可以说，对参观者的访谈、组织填写调查问卷、博物馆对非物质文化遗产的保护、学者对非遗的研究等，都是人类智力探索的一种表现。在这一建构过程中，展示出一种艰辛求索的执着进取精神。综合以上质性分析与定量分析，本研究最终构建出博物馆非物质文化遗产原真性展示与本真性体验构成体系（见图5.37）：

——非物质文化遗产原真性展示与本真性体验

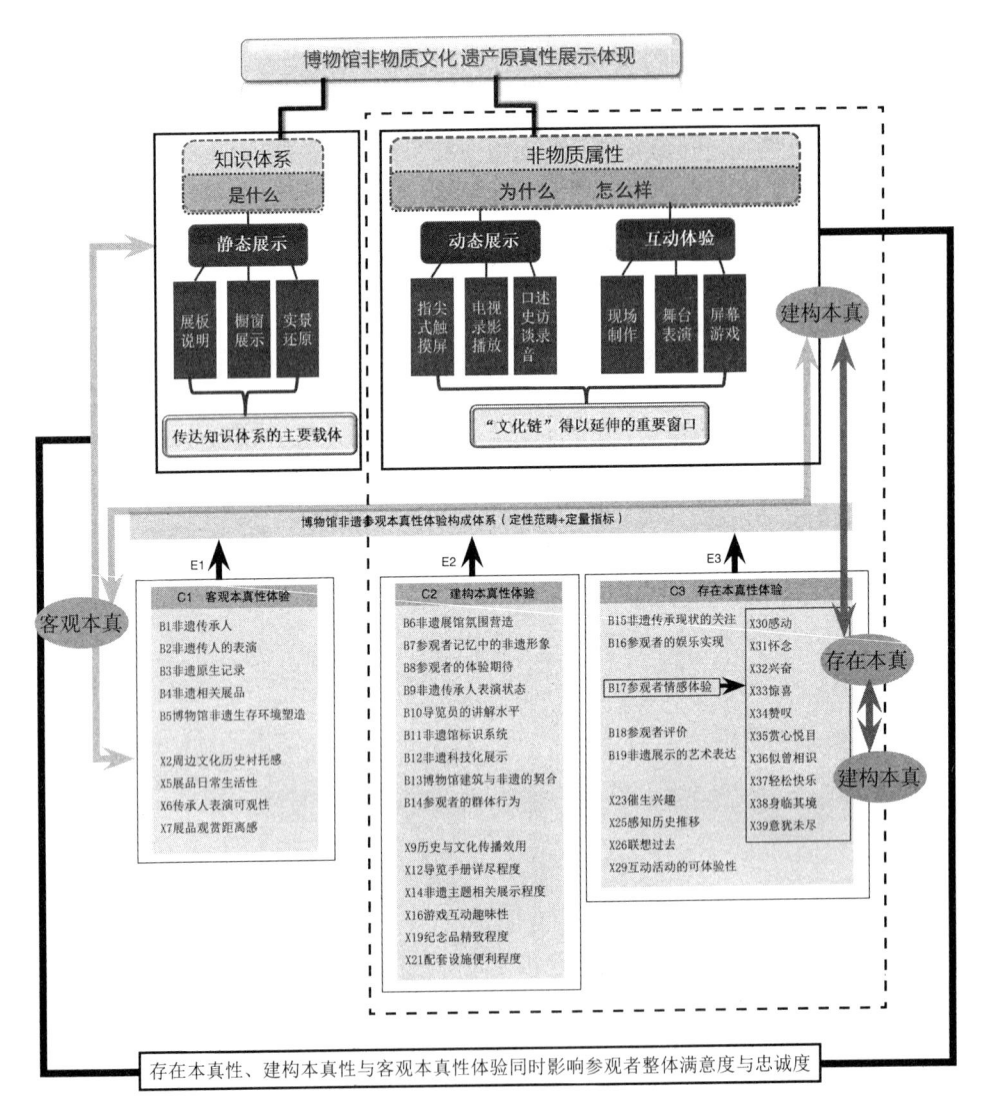

图5.38 博物馆非物质文化遗产原真性展示与本真性体验构成体系

第六章 探究
——博物馆非遗原真与体验本真

宏览博物 ——非物质文化遗产原真性展示与本真性体验
守望非遗

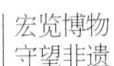

第一节 博物馆非物质文化遗产原真

本真性是一个备受争议和质疑的概念（Cole，2007；Lau，2010；Steiner和Reisinger，2006），但它还是通过合理的定性方法（Andriotis，2011；Domenico和Miller，2012）或者运用数理统计进行衡量（Chhabra，2008；Chhara、Healy和Sills，2003）。于岚（2000）曾指出，如何保证从遗产旅游产品中取得本真性体验，还是一个少有的研究。本研究正是出于对"本真性"在学理概念、研究方法、研究领域等方面的争议与空白点上所做的一次具有挑战性的尝试：以博物馆非物质文化遗产为基点，从专家学者、参观者、传承人等各自的视角为"非物质文化遗产原真性展示与本真性体验"提供一种深刻的理解方式。研究结果显示：人们在参观博物馆非物质文化遗产过程中，"本真性"的不同解释在参观者体验中并不是单一或孤立存在的，而是彼此相互关联的。人们会积极投入大量的精力、信仰和情感去回忆过往，珍惜当下，憧憬未来，使这份本真体验成为身份认同的一部分。这既是非物质文化遗产带给人们解读传统文化的独特视角，也是该项研究最终立足于"宏览博物、守望非遗"的意蕴表达。

从以上的结果可以看出，在博物馆情境下非物质文化遗产的原真性展示主要体现在知识体系与非物质属性两个层面。

一、知识体系的展示

知识体系的展示主要通过静态的物质载体，如"展板说明、橱窗展示、实景还原"等着重强调非遗的科普体系。在中文语境中"非物质文化遗产"这个概念仍旧是使用频率较低、学术色彩较浓的术语，但非遗文化又以它独有的活态性、流变性存在于人们日常生活之中。非遗原真性展示必先从概念出发，即向人们回答"是什么"，能在参观中知"前世今生"，进而才能察今知古，新陈代谢，使"非物质文化遗产"这个略显模糊费解的词有了权威解释和大众普及的场域。因此，静态物质载体的展示是博物馆传达非遗知识体系的主要载体，同时也是博物馆领域最为主要的展示手段和保护措施。

二、非物质属性的展示

非物质文化遗产相比物质文化遗产更强调知识技能及精神的意义与价值，突出了人的因素、人的创造性和人的主体地位（王文章，2013）。那么，如何能通过物质因素原真性地展示非物质文化遗产中所承载的非物质的、精神的因素？研究结果显示，动态展示和互动体验能满足上述要求，即通过"指尖式触摸屏、电视录影播放、口述访谈录音、现场制作、舞台表演、屏幕游戏"等向人们生动地展示非物质文化遗产中的活态技艺、艺术表达以及时代审美趋向，向人们解释"为什么，怎么样"这些更深层意义上的问题。动态展示和互动体验的展示方式，既充分调动了参观者的主观能动性，又使人们借亲眼看见、亲耳所闻、亲身制作强化了文化记忆，扩充了自身的非遗知识，使非遗的展示更为立体。更难能可贵的还在于，这种展示方式让不同年龄、不同文化背景以及不同民族的人们在一定程度上保留了本民族体系内文化身份的原生状态。可以说，动态展示和互动体验是非物质文化遗产"文化链"得以传承延续的重要方式。

　　本研究对非物质文化遗产本真性体验结果的讨论首先立足于对中国语境下的"本真性体验"的明确辨析，进而针对博物馆非物质文化遗产本真性体验做出归纳总结，然后在此基础上就"博物馆非物质文化遗产本真性体验优化的塑造途径"展开进一步归纳和探讨，最后就"非物质文化遗产旅游本真性体验"做出延伸性的预判。

第二节　博物馆非物质文化遗产本真体验

一、中国语境下的"本真性体验"

纵观中西方"本真性"体验研究历程，结合本研究对人们参观非遗博物馆本真性体验的结果，可以明确一点，就是中西方游客都在寻求本真的体验，但在艺术审美、体验模式、体验内在深度等方面有所区别。

首先，从艺术审美上看。中国人习惯于透过艺术创作和艺术想象产生"情感性的优美"（心理和谐），从而达到某种审美意境和由表及里的"本真性"体验。中国人对本真性的感知是与对美的感知交织在一起的，希望这些"本真"的东西被披上美的外衣（王宁，2014）；西方的艺术审美倾向认识的模糊功能和接近宗教情绪的净化作用，中间夹杂着对宿命的恐惧或悲剧性崇高（李泽厚，2009），可见，西方本真性体验带有某种禁欲的感观上的压抑，力求通过"以理节情"达到伦理性的心理满足和理智性的认识愉快，因而显得更具"神秘与形式的物理美"（形式和谐）。

其次，从体验模式上看。由于人们的现实生活倾向于审美化，其体验模式倾向于"恍惚幽明"之态。《道德经》第二十一章："道之为物，惟恍惟惚。惚兮恍兮，其中有象；恍兮惚兮，其中有物；窈兮冥兮，其中有精；其精甚真，其中有信。"（陈鼓应，1984）这种体验模式与西方的"唯智是取"所造成的往往具有逻辑明晰性、必要性以及一贯的体验形成了鲜明的对比。中国非遗文化类别中体现出的生动雕塑、音律节奏、史诗雄壮等都是抽象的点、线、面、体或声音的系统交织，使人在摇曳荡漾的律动与和谐中窥见真理、寻找自我，引发无穷的意趣和缥缈的遐想。陶渊明的"此中有真意，欲辩已忘言"可以说是国人体验语境与心境的恰如其分的表达。

再次，从体验的内在深度上来看。西方语境中的"本真性"问题被"道德化"了，由此人们对本真性体验追求个体价值与道德理想的紧密合一，是个体于内心之中自我选择的结果（泰勒，2012）。也就是说，要想得到本真性体验，就要努力使自己成为"真实"的人，让自己能按自己的意愿去行事，在多种可能性的前提下能保持自己的选择意志力（Sartre，1999），因此它的内涵带有诚实与自然，更多依据的是"原件的真实"。中国语境下的"本真性"追求并非如此。人们内心追问的"是什么，为什么，怎么样"等明确性问题，在布满艺术造诣的空间下充分调动人们内心的想象，并在对物件纯粹的凝视中被逐渐稀释、沉淀、忘却，甚至"取消了问题本身所具有的意志性来进入一种直观的心境"（Schopenhauer，2011），从而使"本真性"问题被重新诠释，达到人们内心追求生命与灵性的感悟，逻辑思辨与生命体验并重。

总之，想要在西方概念基础上探求自己本民族对文化遗产的本真性体验，不仅要学习西方的长处，同时更要融合中国传统优势，绝不以缺失中国优势为代价，更不能丧失中国传统之自信。借非物质文化遗产的本真体验来发扬中国传统的之精髓，借此对中国语境下的"本真性"体验做出如下结论：本真性体验是基于中国传统文化审美积淀的，带有美感与艺术追求的，由内心想象与外在构思综合而成的一种由表及里、由浅到深的内心的遵从与体认的过程。

二、博物馆语境下的本真性体验

（一）外感知与内感知统一

人们对非物质文化遗产的体验是多种多样的，就以上研究而言，其本真性体验大体上包括了人的外感知和内感知。外感知通常是参观者通过五官感觉到的，内感知是依赖于情感、思维与愿望等感觉到的。引用胡塞尔的话："心理现象是内感知的现象，物理现象是外感知的现象。"这种内外感知使参观者的视觉、触觉、听觉、嗅觉、思维、情感、希望都相互交织着，同时共存，交互隐现发生作用，只不过在某一时刻面对某一具体对象时，人们某种感知处于凸显的位置，而其他隐身于其后发挥着伴随作用罢了。而所有的这些要素是圆融具足、主伴辉映的关系，所有这些都要紧密交融在一起才能构成完整的、全面的感知，缺少一样，很难说是真正意义上的、本真的体验。

（二）"视"的实践性

人们对非遗项目的参观体验之所以会发出诸如"震惊""惊叹""超出我的想象"之感，其真正的根源在于，非物质文化遗产的活态形式、原生价值、附会于某一具体表现等，这些都赋予参观者一种实践性的"视"。在这一"视"的作用下，非物质文化遗产的物质载体处于展开的状态。《海德格尔全集》第19卷《柏拉图的〈智者〉》是海德格尔1924—1925年冬季在马堡的讲课内容。他在其中将亚里士多德《形而上学》的第一句话"所有人天生都有求知的欲望"解释为所有人天生都有看（视）的欲望。将这一观点引入对非物质文化遗产物质载体的视域中时，伴随着人对事物的凝视及人与人的交流，"看"或"视"一直在起作用——人们领会文化的直观与抽象，以及人对自我生存的领会与掌握。而且，我们甚至可以发现，"视"的作用不仅仅是"伴随"，更不是可有可无，甚至可以说，它的作用对此在的存在是决定性的，是此在活动的指引者，正如海德格尔（2015）所说："此在就是这个'视'"。因此，"存在性本真"并不至拘于内心深处，"看"的实践性同样可以用于生存论的含义，即"视"是做着"看"，而不是纯粹非感性的静观。人们总是摸索着看世界，往往会看出更多的东西，使之更具有意义。

（三）"移人之情"或"移我情"

参观过程是"移人之情"或"移我情"的过程。参观过程中大多数参观者会产生共鸣、留恋、追忆等体验，究其原因是人们会凭借非遗物质载体和活态展示，把自己以往生活中的体验和改造"移情"到当下的生活之中，这种"移情"是人们审美心理的积极因素。人们往往不善于从自己熟悉的现实生活中发现它的美丽、智慧、优雅与可贵，然而，到了自己与自己的日常生活有了相当的距离，从今朝看以往时才发现，原来与自己生活密切相关的各种传统文化表现形式一直"如影随行"般隐藏在身边，融在自然的一片美的世界里。以往人们早已忘却的光辉岁月、锦瑟年华都在参观这些非遗的过程中被纳进人的美的情愫，从而增强了对它的回念，深化了它的内涵，呈现出生命的华美，就像一段欢悦生活镶嵌在朴素而具有意动旋律的歌词中一样令人陶醉。

（四）建构性本真构成本真性体验的核心范畴

本真性体验在每一个参观者的内心世界产生。它是在一个人心灵、精神、智力水平处于高度刺激状态下形成的（B.约瑟夫·派恩二世，2008），其结果必然导致任何一个人都会产生和他人不同的体验。对参观者来讲并不是单纯指客体上的真实，而是由参观者记忆中的非遗形象、预期体验、游戏互动、群体行为，博物馆供给者、博物馆经营者提供的标识系统、导览系统、科技工具与相关纪念品，非物质文化遗产本身历史与现状等借助于一定的宣传渠道，依据不同的语境及各种需求对其进行建构的结果。将传统以物质为主的博物馆打造成充满故事、融合怀旧与现实情怀、体现非物质文化精神层面的旅游休闲之地，这种文化生产模式随着社会的发展演变为真正的真实（E.Cohen，1988）。

（五）"存在性本真"贯穿于非物质文化遗产体验全过程

谢彦君曾经指出，体验是一种深层次、高强度的难以言说的瞬间性生命直觉（谢彦君，2005b）。其中"瞬间性"在本研究中可以称之为是体验的一个阈值。因为在胡塞尔看来，体验既是一个持续绵延的连续体，同时也是一个全面的、被无限充实的时间边缘域（胡塞尔，2009a），总要有一个阀门对其进行验收、储存、呈现，最终成为自己的东西，否则人们将对其一无所知，一无所获。这个阀门就是"身心验知"。正在体验的时候，人们未必知晓自己在体验（田义勇，2010）。比如李白的五言绝句《独坐敬亭山》："众鸟高飞尽，孤云独去闲。相看两不厌，只有敬亭山。"透过作品可以体察到诗人是沉浸于敬亭山的美景之中，但此时此刻诗人是感知不到这些体验，甚至可以说他可能忘却了自己，是全身心的投入，所感触到的一切与敬亭山毫无隔阂。但是，当诗人回过神来时，他才明确地意识到自己的存在，自己的孤独与怀才不遇，借大自然来寻求安慰与寄托，才写出这首诗。当人们参与剪纸创作、脸谱描绘、米塑捏造、竹丝镶嵌等非遗项目互动体验时，人们未必知晓自己在体验。然而只有体验被个体"体认、验知"以后，才会有这种"生命直觉"的产生。正如查尔斯·泰勒（2008）所言"一个人只有在其他自我之中才是自我，在不参照他周围的那些人的情况，自我是无法得到描述的。"因此，体验必须是一种过程，一种身心合一、内外合一的过程。本真体验是要有验知过程的。人们必须对他所感知到的东西接纳、验收、储存、呈现，最终成为属于自己的一部分。这个验知过程的承担者就是"我的存在"。非遗具备了验知自身存在的条件。

（六）"客观性本真"仍影响参观者本真性体验

在较多理论及实际研究中，客观主义原真往往会被列入一个相对"形单影只，踽踽独行"的情形。然而从本研究的研究结果来看，影响参观者对非物质文化遗产博物馆"满意度与忠诚度"这一重要指标的核心诉求点正在于"原汁原味"，即客观主义原真性。无论是博物馆外部有形的建筑、内部物质的载体和无形文化的演绎，都真实存在于参观者对这些客体识别的过程之中。这些被参观者认定的"原真"其实也代表着他们价值观的知识偏好，着眼于他们对客体原真的追求与欣赏。非物质文化遗产蕴含着民族传统文化最深根源，保留着形成该民族文化身份的原生状态（王文章，2013）。那么在参观或旅行中，对"原真性"的追求往往会成为部分参观者的旅游动机。真实而神秘的原生态文化不仅会带来喜悦与乐趣，增加知识，增长见识，而且是参观者的旅游期望，是衡量旅游目的地非物质文化遗产旅游产品的一道标尺。（王红宝和谷立霞，2010）

第三节　博物馆本真性体验优化的途径

当下，各地不断掀起弘扬特色文化的热潮无疑是对全球文化认同导致的文化趋同的一种反击。当政治与经济力量把各国和各地区进行捆绑，使之别无二致时，可以说，非物质文化遗产、非遗博物馆便是展现独一无二、独具匠心的民族特色的重要机构和载体。那么，立于现世的非遗博物馆在现有的模式和状态下是通过哪些途径来塑造并进一步优化参观者的本真体验，以期达到博物馆最终目的与参观者期待一致呢？结合以上综合研究，这里就提出以下几点建议，以期通过对非物质文化的"物"的载体研究，扩大到对"人"，对"社会"和"文化生态环境"的研究（王宏钧，2001）。

一、非遗博物馆运营基调

如果说，哪一种文化遗产能让人们既能享受到学习的乐趣，又能体验到参与互动的趣味且达到两者双赢，那么只有非物质文化遗产了。学习并能通过身心体验本民族传统的、独特的文化是非遗参观者的核心诉求（张宏梅，2010）。非遗博物馆从期初设计、建造，期中布局以及期后日常运营要围绕上述核心诉求。另外，不管是出于非遗本身内在的文化逻辑，还是基于博物馆客观事实的整体考察，想要开启人们对传统文化的自我觉醒，就要努力设计、精心策划，将参观者置入动态的、正在表达的文化情境之中；创造动态的文化体验场域，使参观者将文化体验价值的认同转化为对其本真性体验的考量。只有这样，才能真正实现博物馆"文化慧识""启迪心智"的最终目标，真正实现非物质文化遗产博物馆"文化纪念""传承守护"的现实价值的理想。

二、讲解与导览服务

非物质文化遗产的世代相传使得其文化种类繁多、形态活跃且底蕴深厚。非物质文化遗产博物馆营造的基调是着重于对消亡的传统的重建，可以说，它们是现代与传统分崩离析后的最后留存。参观者要想真正理解物质层面背后的那份匠心内涵和历史传统，仅凭自导式解说系统，如书面材料、展板、导读手册、语音、幻灯片、电视等"无生命"设施设备是很难达到真正传输知识、理解知识并内化知识的目的。比如剪纸，参观者往往关注的是精美的图案，而对剪纸主体即那位传承人的技艺、审美、信仰、习俗、涵养于一身的活动本质如果没有旁人专业的阐述是很容易忽视的。除此之外，非遗博物馆参观者与传统博物馆参观者最明显的区别在于，前者的普遍认知是从陌生到了解；后者的普遍认知是"熟悉中的陌生感"，是一种既"似曾相识"又"陌路相逢"的尴尬体验。要想解决以上这些参观认知问题，就得通过博物馆专业讲解人员讲述非遗作（制）品背后的不为人知的故事，或很沧桑的经历，或变迁沿革等，在参观者头脑中架构起一个栩栩如生的传统社会与现代社会的整体形象。其实早在1986年澳大利亚学者Moscardo和Pearce就指出"讲解"能产生思考型游客,对参观者体验质量得以保证起着关键性作用;Poria、Butlert和Airey(2001)经过大量研究也表明"讲解"能影响参观者的情感,从而影响他们的本真性体验。因此,非遗博物馆不仅要重视整体解说系统的建设,也要增强讲解员讲解的普及化、个性化、专业化,从而丰富参观者参观体验。

三、非遗真实生活场景的还原

虽然Kang和Gretzel(2012)对博物馆参观者所做的研究表明,高科技导览系统能增强人们的博物馆旅游体验,特别对便于知识的储存和提高博物馆物品的关注度有极大的帮助,但是,与非物质文化遗产相关的文物展示如果要充分传达意蕴,最好还是将它纳入生活的情境中去展示。对于民俗文物的展示,是以其"非物质性"的表述为主线,通过不同的文物组合来构建这种"场"(关昕,2007)。Gretzel、Fesenmaier、Lee等(2011)曾经特别做过调查,发现参观者使用类似于播客这种语音或电子设备功能的博物馆导览设备所占的比例只有3.8%。也就是说,一些博物馆参观者更倾向于"身心接触型"旅游体验。可见,技术型的多媒体导览并不一定会为参观者的体验带来更多的便利与好处,更何况是通过对非物质文化遗产展示想要把现代旅游者带入传统生活方式的情境中去。如果没有人类学视角下相应生活场情的培植,就要达到人们预先设定的参观期待与要求,那是相当困难的。如果过于迷信多媒体展示技术,过度使用刺激感官的声光电效果,不但花费高额成本,而且对于非遗的实质保护和展示工作未能发挥相应的作用,甚至使得一般观众误解非物质文化遗产真实的价值和内涵。(李志勇,2015)

四、参观环境与参观者之间的"兼容"

"兼容"是指两个状态之间的一致性，即特定环境下人们正常发挥自身功能（物质与精神），而所处环境能够为该功能发挥所提供的机会（Hartig、Mang和Evans，1991），且支持个人的任何意向。人们对非物质文化遗产感兴趣，进而有进一步想了解，甚至有想尝试去仿做的冲动和欲望，意味着周围的环境指令与个人意向达到某种程度的契合。如果环境或环境的构成要素不能很好地被察觉到，不能支持人们提出的某特定活动（如温州民俗博物馆），那么这个环境就不是兼容性的，由此影响参观者本真性体验也是不容置疑的。博物馆参观者与消费型旅游者不同，前者较之后者会体现出更多的虔诚，而且目的更为明确。他们对魅力的追求以激发其产生激烈的感官愉悦，这对于他们而言，是充满意义的。这些愉悦往往源于对周围环境的兼容和思考。当这种状态形成后，就与参观者说的"身临其境""陶醉""找到了以前的自己"等状态联系在一起。这种独特的连接伴随着与日常生活的分离，使"本真性"阈限状态成为可能。

五、参观速度

诸如食物的慢速移动会激发人们对食物产生更加深入、更加细致乃至严肃的品味一样，相对缓慢的参观速度鼓励的是更加直接且更加深层次地与周围环境的身心接触。从观望非遗到对非遗历史的沉思，从观光审美到对非遗制作的参与和辨识，使趣味性、认识度和思想性等都得到了较好的回馈。

第四节 非物质文化遗产旅游本真性体验

无论是出于逻辑推理，还是基于对客观事实的考察，非物质文化遗产和旅游之间存在着某种天然的渊源（王健，2010）。非遗旅游可以说是一种看护文化、守护灵魂、养护精神的综合性人文旅游形式。胡塞尔曾说，现代人的整个世界观唯一受科学的支配，并且唯一被科学所造成的繁荣迷惑。这种唯一性则意味着人们以冷漠的态度避开了对真正人性具有决定意义的问题。单纯注重事实的科学，造就单纯注重事实的人（胡塞尔，2009b）。然而，唯有非物质文化遗产才能使之褪祛一些过激的科学技术崇拜，激发更多国人产生"家园守候的情怀"。

一、怀旧能力的禀赋

人们对过往的、已消逝的童年有着一种天然的怀念能力；对于已流失的过往，往往流连徘徊。记忆中的流年总是看起来更有序和更自然。这种流连徘徊同时也造就了中国文学史上许多优秀的作品。可喜的是现如今，怀念童年可以通过非物质文化遗产旅游这种休闲放松的形式得以实现。不难看出，人们不愿提及的传统，却仍然深埋在现代性之中，人们重新想起传统，是为

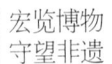

了满足一种怀旧的兴趣或是增加一种历史的厚重感。非物质文化遗产旅游作为一种文化旅游模式之所以引人注目，是因为它超越了从习性角度能做出的解释，它们通常更多地包含了伦理道德、审美和心理方面的因素。而且，也只有在这样的文化体验中，才会聚集产生特殊的情感和信仰。

二、存在性真实的满足

人们出游动机更多是为了寻找（或享受）真实而神秘的原生态文化带来的喜悦，甚至惊喜交集的情感体验（王红宝和谷立霞，2010）。非物质文化遗产的"无物质"属性，并不是一种空洞的、触摸不到的空灵，而是具有丰富内容、有表现力、有深刻意义和内涵，表现着人生，流露着情感、个性和人格的意义。这也是非物质文化遗产深入人心、启迪心智的重要原因。特别是当人们参与到非遗制作，继而与传承人产生互动，从而融入非遗情境时，参与型游客更容易得到"存在性真实的满足"（Kim Jamal，2007）。他们虽与非物质文化遗产存在时间与空间的距离感，但参观与亲身体验后填补了参观者之前普遍存在的"难以企及"的缺失，从某种程度上填充了这个距离空白，获得心理和精神上的满足与愉悦（陈伟凤、陈钢华和黄远水，2008）。

第七章 审思
——诘难与文化自信

宏览博物
守望非遗 ——非物质文化遗产原真性展示与本真性体验

第一节 非物质文化遗产原真性展示的诘难点

新技术正在不以任何人的意志为转移，使那些贴有非物质文化遗产标签的物质性物品进入了大批量复制的领域，改写着其内在的本真性含义；新技术在各领域内被高度重视与使用，原有的手工艺技能快速地被机器标准化生产取代。人手所特有的温暖感与亲切感，蕴涵的生命力与个性的张力慢慢被遮蔽，使人的双手成为"一位看客"。而现实中不仅仅是非遗手艺人自己，甚至每个人都在逐步默许着新技术的合法性，且被迫认同着。这甚至影响人们对该物品的欣赏情感，导致手工艺技术本真性的缺失。当人们习惯于日新月异的科技展现，对其层出不穷之势显得麻木时，非物质文化遗产手工技艺的文化原真性重新被提及。这正如另一个被人广泛提及的命题"人脑与电脑"哪个更有优越性一样。摒弃一切人所特有的情感与体认，让科技或人工智能取代只能用人的手工才能缔造出的气韵生动，那么非物质文化遗产文化价值的再现与原真性的判断将更为"举步艰难"。

一、受众面有限的非遗项目

非遗作品需要人去鉴赏，有使用的渠道，要结合社会现实和人们当下真正的需求与使用习惯。以国家级非遗项目"细纹刻纸"为例。从传承人的角度来看：经过漫长的进化和演变，它已经脱离了传统概念中的民间传统剪纸，而是一种独立的民间工艺美术品。艺人竟可以在一方寸大小的薄纸上刻出52条细纹，甚至能在一寸见方的纸上刻出54根线条，且条条均匀，细如发丝，疏密有致。目前怀有此种技艺的传承人已不多，虽也有感兴趣的学徒，但是坚持下来的寥寥无几。究其原因在于该项技艺对人的持久力、忍耐性与专注度等提出了最高的要求：要在极端不受干扰的环境下，排除杂念，心怀坚定，孜孜不倦，以惊人的毅力完成技艺的传承。这对现在的年轻人来说极度困难，也直接造成传承的瓶颈。从参观者角度来审视的话：对于"细纹刻纸"普遍怀有赞叹、惊奇、敬佩之感，这主要体现在作品与艺人身上。参观者对他们的创作过程和生存环境也非常好奇，肯定其创作的艺术价值，然而对该非遗的渊源、成品去向与其带来的经济价值并不知晓。究其原因有几点：①该项目起源时在该地区并无太多的文字记载；②原始名称与现有的名称并不统一，由"绞花"（即民间剪纸）而来，这让参观者对其名称上的解读是陌生的；③当代人听说过"龙灯"，并没有目睹过，并不知晓细纹刻纸最早是始于龙灯上四周的刻纸，用于装饰，并以此作为判断龙灯精美与否的标准；④目前基本无龙灯出现，由此成为历史。可见，当一种民间习俗退出如今的舞台，加上附属物的缺失，参观者要真正理解该作品的意义是非常困难的，体验虽能停留在感怀、赞叹层面，但这是易消失、易忘却的。因此，当一项再高级别的非遗项目脱离了社会所赋予的原真情境时，社会价值、经济价值、实用价值、美学价值，包括其审美价值就需重新衡量。在一个极其艰难的、略带尴尬的境地中持守，不如让它成为过往年代中一段美好的回忆。

二、脱离当下生活现状的非遗项目

文化产业在今后所有产业中的比重会越来越高，这也意味着非遗项目必定会产生优胜劣汰的局面，好的项目定融入文化产业，并随之发扬光大；脱离社会的项目必然走向记忆留存，如"锔碗手艺"（又名补碗）。20世纪五六十年代，"碗"在人们的生活中属珍贵用具，受经济条件限制，无论在平时，还是操办红白喜事时，各家都会相互借用碗，为避免各家的碗混淆，每家每户都会在各自碗底部刻字，由专门的补碗匠来做。然而，随着人们生活水平的提高，家家户户不需要到处借碗，碗的相对价值不断降低，补碗逐渐淡出了人们的视线，甚至连当代农村也难见踪影，补碗行业也就此走到了尽头。类似的还有弹棉花、磨剪刀、制作杆秤、编竹篾等传统手工艺。这些都浸润着深厚乡土气息与传统农耕文化，这些匠人与其作品所滋养出来的工匠精神到当代都在颂扬，成为一部活的历史。然而，某些传统工艺被现代化机器与科技取代已是不争的事实。文化界、民俗界，甚至教育界等领域从文化传承的角度想给予挽留；政府有关部门颁布政策给予扶持、保护，甚至奖励，初衷都是想维系这种难能可贵的与现代大机器轰鸣下快速和浮躁形成鲜明对比的纯朴人情和独具匠心。但是一项已脱离社会、脱离市场，甚至脱离人民群众生活范畴的手工艺，哪怕是再独特，再精湛，再优秀，都不得不直面退出历史舞台的现实。正所谓"盛年不重来，一日难再晨"。

当一项非遗项目受众群体狭窄，不被大多数人群接受和欣赏时，不能再一味地强调其工艺的难度和精湛，再考虑如何去保护濒危，因为保护的意义还是要促进发展，不能只谈保护不发展。要依托于一些发展态势好的、有一定融合可能性的项目，对其进行艺术上、工艺上的创新和整合，变成非遗项目集群化，而不是各自为政。Bharucha（2000）认为新型的亚洲博物馆应建立在抹除、更新和暂时性理念的基础之上，展示的应该是当地仍有活力、经使用而得以保存的传统和实践方式。这样的保护才有价值。

三、非遗传统手工艺的处境与尴尬

之所以被称为"非遗传承人"，是因为他们平素的精神、匠心的培植。他们有一个活跃的、互动而有韵律的心灵，在凝神寂照的体验中成就作品。然而现实的骨感与残酷倒逼着某些非遗传承人因其作品陷入难以言说的尴尬境地。顾浩（2014）指出，作为非物质文化遗产的传统手工艺技术永远不可能绝对效仿新兴泛化技术的实质。然而，科技的发展在磨平人们日常生活中各方面阻碍的同时，也正以风卷残云之势催促和加剧着非物质文化遗产，特别是传统手工技艺的嬗变。在这种强势文化的渗透下，人们既不能以泥古不化的静止立场去一味地追求返璞归真的原生态，也不能全然舍弃传统工艺的原真而一味地追赶"时代潮"和"商业化"。我们要以与时俱进的务实态度去寻找适合自己理解和掌握的方法，真正理解非物质文化遗产的保护实质与基点。以相对代替绝对，在全球化的语境下基于遗产保护接受"非遗手工技艺的时代性"。这里的时代性意指具有当下的社会建构意义与特征的、符合当下人们理解与体验习惯的发展逻辑的特质，即具有建构的真实性。这样或许可以弥平代沟，跨越因时代变革产生的文化阻隔。回归理性，回归真善，回归和谐与诗意（李泽厚，2009），这或许也是人们对非遗体验的最终归宿，发挥非物质文化遗产"文化之根，民族之魂"的作用。

四、对非物质文化遗产详细目录的使用

对非物质文化遗产详细目录的使用是另一个含糊不清的地方。将一首歌或一场文化表演用录像机或者DVD记录下来并不能保证它们未来会代代相传，相反，以一种永久性程式的形式记录实践，或许会导致对这一实践的表征过于僵化，仿佛被冻结在一个固定的时空。这就引起对建立目录是否适当、是否重要的疑问以及对记录方法论隐含的文化停滞的负面内涵的讨论（B. Kirshenblatt-Gimblett，2013）。换言之，一个未被积极使用和更新的目录很可能会加速习俗的消亡或者弃用。因此，对于记录，这一现代保护技术的核心方面，还需要更多的批判性思考（Alivizatou和高菲，2013）。

第二节 从地方的非遗看文化的自信
——基于温州非物质文化遗产视角

文化是历史凝结成的，是以超越性和创造性为内涵的生存方式。习近平总书记高度重视传承发展中华优秀传统文化。他强调："一个国家综合实力最核心的还是文化软实力，这事关精气神的凝聚，我们要坚定理论自信、道路自信、制度自信，最根本的还要加一个文化自信。"非物质文化遗产是一个民族传统文化的精髓，传承并弘扬非物质文化遗产，就是对一个民族优秀传统的钩沉。

中华民族5000多年的文明史造就了温州独特深厚的文化底蕴。以海上丝绸之路的重要节点实现了中原文化、重商文化、山地文化、海洋文化多元文化等交汇共融，造就了温州独特的地域文化——瓯越文化。古老的民俗文化与历史遗存深深地根植在这片土地上，使之成为温州地域文化上的重要文脉，"百工之乡"的美名更使温州这座城市扬名中外。毋庸讳言，在崇尚物质文明和消费文化的今天，特别是传统文化和手工艺在现代化浪潮中普遍遭遇商业化、产业化挑战，非物质文化遗产的民生价值、社会价值与文化价值受到严峻的威胁，印证了传统文化创造性能力的衰落、自信心的不足。因此，非常有必要从温州优秀的传统非遗文化积淀与宝贵的资源为地方传统文化的可持续发展提供理性、意志力、热情与信心。文化自信，简而言之，就是对自身文化价值的充分肯定，是对自身文化生命力的坚定信念。强大的文化自信，可以为本地域的文化传承与各项事业提供长久且强大的精神动力。本研究认为可以从温州的非物质文化遗产资源、价值认同与传播手段等三方面共塑和培育文化自信。

一、从非遗文化资源考察文化自信

截至2017年，温州非物质文化遗产列入各级名录项目1602个。其中永嘉昆曲和乐清细纹刻纸被列入"人类非物质文化遗产代表作名录"；泰顺廊桥营造技艺和木活字印刷术被列入联合国教科文组织"急需保护的非物质文化遗产名录"；有30项被列入国家级非物质文化遗产名录，有136项被列入浙江省非物质文化遗产名录，有295项被列入温州市非物质文化遗产名录。另外，全市目前有国家级传承人23位，省级传承人126位，市级传承人374位。温州的非物质文化遗产极其丰富，在非遗管理与传承方面，各级政府与社会各界也集结联动，共同发力：温州市非物质文化遗产保护中心于2008年8月成立，主要承担着温州市非物质文化遗产方针、政策、规划、方案的制定，开展非物质文化遗产的保护和研究。温州市非物质文化遗产馆于2012年12月27日正式对外开放。该馆按各县（市、区）分设展厅外，还开设瓯窑馆、龙舟馆、廊桥馆、蓝夹缬馆等多个专题馆，另有百工一条街和互动区，运用实物、文字、图片、多媒体等形式和不定期的活动向市民展示丰富多彩的非遗文化。2014年10月，温州还成立了首家非遗文创交易平台——东瓯文化创意园·非遗广场，尝试将非遗融入文化创意产业,实现其传承与发展。在浙江省文化厅公布的全省非物质文化遗产保护发展指数评估(2017年度)排名中,温州非物质文化遗产保护发展指数位列市本级与地区双第一。这些具有较强生命力的非物质文化遗产,蕴含着温州人民对本地文化的认同与传承,维系着地方社会历史的记忆与变迁。对温州人来说,它就是一种历史悠久的地方性知识。而这种地方性知识连接着地方社会的历史与现实的各种复杂关系,存在于各种复杂的文化、社会关系构成的文化网络体系之中,温州乐清黄杨木雕风格淳朴、雕刻细腻,精工卓见,与东阳木雕、青田石雕并称为"浙江三雕";屏纸制工艺传承千年,堪称中国古老造纸的"活化石";运用温州方言表演的曲艺品种"温州鼓词"既是历经百年的里巷之曲,又是极富生命力的说唱艺术;分布于温州苍南、乐清、瑞安、永嘉等地区的中国传统印染技艺之一的蓝夹缬,是雕版印染、印刷的源头;瑞安木活字印刷技艺是我国已知唯一保留下来且仍在使用的木活字印刷技艺,具有极高的历史人文价值,是活字印刷术源于我国的最有力的实物证明;距今已有800多年的泰顺提线木偶凭借精湛的传统线规和娴熟的表演技巧在现代社会和人民群众中具有极强的影响力;源于汉代并由中国漆器艺术中的堆漆工艺演化而成的温州瓯塑,色彩丰富,技法繁多,与"黄杨木雕""东阳木雕""青田石雕"并称"浙江三雕一塑"等。它们虽经历过沧海桑田,但在文化与现代化的进程中依旧顽强地生存着。尽管目前其生存状态是被边缘化,但是这些承载着传承艺人工匠精神的非遗文化、彰显炉火纯青技艺的非遗项目等形成了温州独具特色的地域性知识生产体系以及文化运行轨道,是温州人作为自我认知部分不可或缺的文化身份的象征。

值得指出的是,建立文化自信应消除现存的两种观念。第一,非遗是一种被淡忘的强型记忆。以温州端午节为例，温州端午节龙舟习俗的独特性与完整性堪称全国之最。温州当地群众严格遵守龙舟"上水""收香""散河"等一系列仪式，传递出对村落文化的认同与持守。如今，端午节依然是一年中值得纪念的传统节日，但节日气氛已没有往日那样浓烈。现在的人们不再那么翘首以待观看赛龙舟，龙舟最重要的装饰物"龙首"已无法向今人叙说东瓯先人们"一江竞渡胥寻乐"的胜景。这是无法追溯的记忆，哪怕那些能追溯的记忆也永远留存在村子里老人的口中。第二，非遗是一种无市值的"古玩"。2006年中国首批国家级非物质文化遗产名录确定，其中温州鼓词、永嘉昆剧、泰顺提线木偶、乐清黄杨木雕和细纹刻纸等五项遗产成为存留在温州的国宝。然而这只是瓯越大地非遗的冰山一角。温州人在不断汲取外来精英文化、多元文化的同时，却没有发现自己竟也如此富有。这些以物质文化遗产为载体的非物质形态的丰厚度已远远超出我们的想象，但多数人却对这些"财富"熟视无睹。如乐清龙档在2006年就成为首届中国非物质文化遗产保护成果展2000多件作品中，唯一被中国美术研究院收藏的作品。龙档有500多年的历史，早在温州乐清民间被赋予消灾辟邪、祈求平安之意。当时龙档的出现引起在场专家的极大关注，据记者报道"国艺院收藏的时候给艺人补贴了16万元，但他们反复强调这钱并不是龙档的卖价，艺人的匠心与工艺的超群精湛是他们出不起的。"制作龙档的艺人自己早先也仅仅将其作为一项糊口的手艺，这份手艺背后蕴藏的真正价值在"申遗"之前、"非遗"普及之前连艺人都不知晓。苍南夹缬也面临同样的境遇。夹缬的真正价值并非成品的欣赏性，而在于其制作工艺，这种源自秦汉的古老雕版印染技术，使之被誉为"中国古代印染技术活化石"。厚重且丰满的东瓯历史赋予温州非物质文化遗产多姿多彩，足以使每一名温州人感到"意气扬扬,甚自得也",怀有对自身文化的自信也一直是中国近现代知识分子回应现实挑战的弘道精神。

二、从非遗文化价值认同衡量文化自信：价值三问

非物质文化遗产是一个民族文化的精髓。作为人类社会的一笔宝贵财富,非物质文化遗产具有重要的历史认识价值、文化价值、艺术价值、科学价值与社会价值。这些价值虽然未必会在所有遗产上一一体现,但应该成为非物质文化遗产所具有的普遍价值（苑利和顾军,2009）。但是伴随着全球经济一体化的发展,地球正在变小,文化的趋同似乎也在所难免。中国各民族、各地域的不同文化基因与文化元素在现代化进程中、在西方主流文化和现代流行文化几重挤压下,正慢慢走向"世界大同",正迅速消亡。我们讲文化自信,特别是地域文化自信,不得不直面现实中人们所谓的普世文化价值观,从这些文化价值观中提出有待众人反思和商榷的现实问题,从而相对缓和地弥平全球化共享意识形态上对本地域的文化价值所造成的冲突与差异,增强本地域文化应有的自信。

（一）温州传统文化等同于儒学

现在许多人把传统文化等同于国学,把社会等同于儒学,把儒学简单等同于孩子们经常背诵的《诗经》《中庸》《大学》《弟子规》《三字经》等,认为这些就是传统文化,就是温州人要学的传统文化。以上这些当然是中国的优秀传统文化,但只不过是传统文化的表层。温州建城历史距今有2200多年,其传统文化是根植于自然山水之中,遍布于市井乡村之间,散见于笔记、地方志和宗族谱牒之中,融合于老百姓的日常生活之中,凝聚在风

情习俗之中，基本呈现原生态分布。因此，在这个宝库中要继承和发扬最具鲜明和地域特色的传统文化，仅仅讲儒学是不够的。温州的文化总体而言是一种草根性很强的世俗文化，既有普世性，又有很强的地方性（胡晓慧，2008），比如温州的山水文化、海洋性工商文明、市井文化、百工技艺、建设文化、谋略算术文化、民间宗教文化、名人避难文化、古老瓯越风俗等，都彰显着温州独特的地域个性。温州非物质文化遗产以其广泛性、独特性及活态性构成温州非物质文化遗产有别于其他地区的鲜明标识。以国家级非遗项目"细纹刻纸"为例，从传承人的角度来看：经过漫长的进化和演变，它已经脱离了传统概念中的民间传统剪纸，而是一种独立的民间工艺美术品。这些都帮助我们寻找到温州人特别的世界观、思考模式和想象力，对这些文化价值的认同也会让我们从惯常的生活中得到尊重和舒放。

（二）传统戏种是否应该顺应时尚

面对"强势文化"的冲击，传统地方戏种在坚守与将就之间形成必然的博弈。如温州国家级非物质文化遗产——瓯剧。按照一般的逻辑和目前我国文化领域的主流思想，瓯剧应该改革创新，反映新生活，贴近人民群众，尽量迎合年轻群体的爱好，争取让更多的年轻人喜欢。然而，假如我们为了迎合年轻人所谓的审美趣味和生活节奏，为了适应所谓的"市场需要"，把曲调华彩、优美动听的"正流水板"改成摇滚节奏，把可以"舞幽壑之潜蛟，泣孤舟之嫠妇"的曲笛改成吉他或电子琴，把具有不可替代的特殊意味的书面温语改为普通话……那么，等现在的这些年轻人变成老年人之后再想寻觅宁静的原生态节奏时，该去何处寻找它的根基？温州的说唱艺术——温州鼓词早在2006年被列为首批国家级非物质文化遗产名录，流行于温州市区和瑞安、平阳、永嘉等县。虽然各县、市方言有所不同，但还是以温州瑞安城关方言音韵作为基本标准。然而，目前方言的使用和普及率在下降，会说温州方言、瑞安方言的年轻一代正在快速消失，取而代之的是全国统一的普通话。不仅为方言可能出现断代传承感到遗憾，更为温州鼓词艺术在经济浪潮中沦落而深感担忧。地方民歌、民谣、说唱，一定要用方言才有味道。为什么地道的民歌会让你流泪，而那些所谓的民族或现代派唱法却不能打动人？因为普通话大一统显得无区别，而真正的味道、真正的韵味都在方言里。离开方言，它的价值就会大打折扣。

（三）传统节日"过"了就好

现在的人们盼望过节，但对节日的热情较之先前已大相径庭。可以预见的趋势是：年轻人可能今年有40%的热情过端午节，60%的热情过圣诞节，明年就只有30%的热情过端午节，70%的热情过圣诞节，长此以往，也许有一天根本就不用过端午节，或只是走个形式而已。事实上温州人过端午节不仅仅是划龙舟、吃粽子这么简单。这一天温州人可以看到搭设亭台楼阁、置有装扮人物和秋千乐队的"彩舫"，这在全国也是唯一可观赏的龙舟；端午节不仅吃粽子，还吃薄饼和大蒜；温州城区在端午还有采百药沐浴克毒之俗；温州大部分地区都是五月初五过端午，唯有文成南黄坦、西坑等地是五月初四过端午。这一天不仅会让人们想到屈原，想到他的诗篇，想到他对自己祖国的热爱，想到民族千年的光辉历史，而且种种与众不同且极富特色的传统节日活动也形成了温州鲜明的城市印记。过这样的节日实际上是温州地域文化精神世界的一部分。再比如春节，不光是大年三十吃年夜饭，大年初一放鞭炮、穿新衣，这个节日还包括了所有中国人对自然的敬畏，对民族道德伦理的遵循和规范。传统节日中包含着温州人世世代代的追求、习惯与风俗，它们的价值和其他非物质文化遗产一道塑造了温州特有的身份，成为温州地方的整体记忆。

三、从"工匠精神"正视文化自信

温州自古以"百工之乡"著称。早在5000多年前新石器晚期时的玉器、陶器、西周、春秋时期的青铜器和西晋的缥瓷等闻名于世；宋漆器工艺精美，店号遍布全国，更是饮誉海内外；蠲纸、竹丝灯等甚至被列为贡品；瓯绣、龙须须席等也久负盛名。这些手工艺人在一榫一卯间透露出智慧与情怀，更是在一捏一拿中掌握着分寸与艺术。笔者有幸在2017年10月前往有着"中国民间艺术之乡"称号的乐清市，与三位国家（省）级非遗传承人进行深入交流。他们分别是国家级非物质文化遗产项目代表性传承人（乐清细纹刻纸）、高级工艺美术师陈余华先生，温州工艺美术大师、非物质文化遗产"乐清黄杨木雕"代表性传承人郑方杨先生，黄氏第四代龙档制作传人、温州工艺美术大师黄北先生。传承人从自身专业的角度解读手工艺技艺的制作工艺和具体流程，创作者的艺术素养以及传统情怀，作品的唯一性、收藏价值与欣赏价值。黄杨木作为一种珍贵树种，质地坚韧，纹理细腻光洁，色泽黄亮，给人端庄、古朴的美感，非常适合人物形象的创作。另外，木材料形态多样，结构各异，依据现有形状将看似"朽木不可雕"而被付之一炬的材料制作成一件艺术品，其中对工艺师的审美观察、联想构思、人文素养都是极大的挑战。黄杨木雕的刀法工整，以镂雕剔透、衣纹复杂、精雕细刻见长，古朴美观，可以区别于木雕中的不同派别（如东阳木雕）。因此，手工艺类本身所固有的制作特性、材质的禀赋与选择、制作人的艺术修养与手艺决定了作品的观赏价值、艺术价值与收藏价值。东清龙档，古称"板凳龙"，主要工艺体现在雕刻艺术上：档头和档尾配上亭台楼阁及牌坊，亭台楼阁内又有历史人物和活动的情节，整个雕刻完工后还要油漆加工、色彩描绘。除此之外，温州的瓯塑、米塑、灰塑、绸塑、苍南矾塑，竹丝（彩石）镶嵌，温州铜雕、砖雕、竹壳雕、洞头贝雕，泰顺平阳的提线木偶，温州瓯绣、发绣，苍南夹纻漆器等在中国手工艺美术史上据有一席之地。这些至今仍活跃在非物质文化遗产舞台上的作品，蕴涵着传承人独特的职业内涵与工匠精神。他们拥有一个活跃、互动而有韵律的心灵，从而在凝神寂照的体验中成就作品。

无论科技多么高端与复杂，也无法代替人所特有的情感和用人手缔造出的气韵生动。温州非物质文化遗产传统手工技艺足以让温州地域文化大放异彩，但也要具备与时俱进的务实态度去寻找到适合自己理解和掌握的方法，真正理解非物质文化遗产的保护实质与基点。在全球化基于遗产保护语境下寻找"非遗手工技艺的时代性"特征，将传统文化变成新的艺术化的生活方式，从而树立文化自信与自豪感。其实，这也是"非物质文化遗产"当下民生的意义所在。

文运同国运相牵，文脉同国脉相连。只有树立这种工具理性与价值理性相统一的生存理性，才能认识本民族的文化形态，明了本地域文化的思维与文化的特异性，进而认知本区域文化的"我"，建立"我文化"的基本结构，形成统一鲜明的地域身份认同与文化自信。

第三节　研究局限与后续研究方向

一、局限性

本研究在解释非物质文化遗产原真性展示与本真性体验的过程中，虽使用了定性与定量相结合的方法，选择了五处具有代表性的非物质文化遗产博物馆作为研究对象，但对研究对象的选择还是倾向于研究者本人对数据可获得的便利性与可控性上，对解释问题、分析问题、验证问题从而解决问题的能力上的评估并不充分。另外，在使用质性研究中，虽借助NVIVO质性研究工具，对原本杂乱无章的质性资料进行编码加工，层层过滤，但在编码过程中更多的是依赖研究者个人的主观经验判断；虽与定量研究进行相互验证，但在两种研究方法同时使用过程中，主观上还是难以做到研究设计中的轻重取舍，存在依据第一种研究结果预测后一种研究方法下取得的结果，使主观性在某种程度上增加，从而增加了分析难度。

二、后续研究的方向

从根本上说，博物馆应该为人类生活、人类社会合理和谐提供文化意义上的见证。它不仅肩负着为公众传播历史与文明的使命，同时也领受人类社会塑未来的使命。所以，在反思和批判中要建构起全体民众的博物馆本真性体验的研究体系，这里即包含着普通的、正常的民众，毋庸置疑也包括生理或心理有着缺陷的特殊人群——残疾人。他们是博物馆展现其民生意义与人道主义关怀的典型体现。西方针对残疾人参观游览博物馆的研究较为丰富。美国大都会博物馆教育工作者McGinnis在与盲人或有视觉障碍的观众的访谈中了解到，博物馆真实存在的作品所具有的价值使他们克服重重困难来到博物馆，哪怕他们要忍受人群的拥挤、部分展馆昏暗的光线、嘈杂的声音（丽贝卡·麦金尼斯和王思怡，2016）。可见，本真性的力量能使情感与动机战胜自身内在的缺陷。我国在这一领域的研究不仅与西方存在较大差距，而且在思想意识上还未达成相应的共识，研究内容偏向于政策的导向（马自树，1997；张微，2008）和教育的功能（白燕培，2013；谢剑荣，2003），至于针对这部分参观人群的本真性体验研究目前在国内极少涉及。因此，后续的研究将继续沿用旅游社会学领域内的"本真性"理论，分析参观博物馆特殊群体的本真性体验。这不仅是博物馆公共理性和公共利益的自身价值的体现方式，更是作为一名旅游研究者应尽的社会义务。

参考文献

［1］ADAMS K M.Come to Tana Toraja, land of the heavenly kings: travel agents as brokers in ethnicity[J]. Annals of Tourism Research, 1984, 11（11）: 469—485.

［2］ALIVIZATOU M, 高菲.非物质文化遗产与抹除: 对文化保护与当代博物馆实践的再思考[J].文化艺术研究, 2013（3）: 154—164.

［3］ANDRIOTIS K. Sacred site experience: a phenomenological study[J]. Annals of Tourism Research, 2009, 36（1）: 64—84.

［4］ASPLET M, COOPER M. Cultural designs in New Zealand souvenir clothing: the question of authenticity[J]. Tourism Management, 2000, 21（3）: 307—312.

［5］AUSTIN J L, URMSON J O, SBISÀ M. How to do things with words: the William James lectures delivered at Harvard University in 1955[M]. Oxford: Oxford University Press, 1976.

［6］B.约瑟夫·派恩二世, 詹姆斯·H.吉尔摩.体验经济[M].修订版.夏业良, 鲁炜, 等译.北京: 机械工业出版社, 2008.

[7] BASSETT K.Urban cultural strategies and urban regeneration: a case study and critique[J]. Environment & Planning A, 1993, 25(12): 1773—1788.

[8] BELK R W, WALLENDORF M& SHERRY J F J R. The sacred and the profane in consumer behavior[J]. Journal of Consumer Research, 1989, 16(1): 1—38.

[9] BLUD L M. Social interaction and learning among family groups visiting a museum[J]. Museum Management & Curatorship, 1990, 9(1): 43—51.

[10] BOISVERT D L, SLEZ B J. The relationship between exhibit characteristics and learning-associated behaviors in a science museum discovery space[J]. Science Education, 1995, 79(5): 503—518.

[11] BOOTH B. Understanding the information needs of visitors to museums[J]. Museum Management & Curatorship, 1998, 17(2): 139—157.

[12] Berends H, Deken F. Composing qualitative process research[J]. Strategic Organization, 2021, 19(1): 134—146.

[13] BRIDA J G, DISEGNA M, SCUDERI R. The visitors' perception of authenticity at the museums: archaeology versus modern art[J]. Current Issues in Tourism, 2014, 17(6): 518—538.

[14] BRUNER E M. Transformation of self in tourism[J]. Annals of Tourism Research, 1991, 18(2): 238—250.

[15] BRUNER E M. Abraham lincoln as authentic reproduction: a critique of postmodernism[J]. American Anthropologist, 1994, 96(2): 397—415.

[16] CARY S H.The tourist moment[J]. Annals of Tourism Research, 2004,

31（1）：61—77.

［17］CHHETRI P，ARROWSMITH C，JACKSON M. Determining hiking experiences in nature-based tourist destinations[J]. Tourism Management，2004，25（1）：31—43.

［18］COHENE. Authenticity and commoditization in tourism[J]. Annals of Tourism Research，1988，15（3）：371—386.

［19］COHEN E. Traditions in the qualitative sociology of tourism[J]. Annals of Tourism Research，1988，15（1）：29—46.

［20］COHEN E. "Authenticity" in tourism studies：aprés la lutte[J]. Tourism Recreation Research，2007，32（2）：75—82.

［21］COLE S. Beyond authenticity and commodification[J]. Annals of Tourism Research，2007（4）：943—960.

［22］COUNTS C M. Spectacular design in museum exhibitions[J]. Curator the Museum Journal，2009，52（3）：273—288.

［23］CULLER J. Semiotics of tourism[J]. American Journal of Semiotics，1981（1）：127—140.

［24］DAVIES A.PRENTICE R. Conceptualizing the latent visitor to heritage attractions[J].Tourism Management，1995，16（7）：491—500.

［25］DE JONG F A.Masterpiece of masquerading：contradictions of conservation in intangible heritage[J]. Physical Review B，1997，59（12）：8073—8083.

［26］DICK B，FECO U，WEAVER W. Travels in hyper reality[J]. Picador，

1986, 61（1）: 168.

[27] DOMENICO M L D, MILLER G. Farming and tourism enterprise: Experiential authenticity in the diversification of independent small-scale family farming[J]. Tourism Management, 2012, 33（2）: 285—294.

[28] FONTANA A, FREY J H. Interviewing: the art of science[J]. In NKDenzin YSlinclon（Eds.）, 1995.

[29] GOFFMAN E. The presentation of self in everyday life[J].New York: Doubleday, 1959.

[30] GOLOMB J. In search of authenticity: from kierkegaard to camus[M]. London: Routledge, 2012.

[31] GREGORY J. Reconsidering relocated buildings: icomos, authenticity and mass relocation[J]. International Journal of Heritage Studies, 2008, 14（2）: 112—130.

[32] GRETZEL U, JAMAL T. The rise of the creative tourist class: technology, experience and mobilities[J]. Tourism Analysis, 2009, 14（4）: 471—481.

[33] HALL C M. Response to yeoman et al: the fakery of "the authentic tourist"[J]. Tourism Management, 2007, 28（4）: 1139—1140.

[34] HAMMERSLEY M. What's wrong with ethnography?[M]. London: Routledge, 1992.

[35] HANDLER R, SAXTON W. Dyssimulation: reflexivity, narrative, and the quest for authenticity in "living history"[J]. Cultural Anthropology, 2009,

3（3）：242—260.

［36］HARRISON J. Museums and touristic expectations[J]. Annals of Tourism Research, 1997, 24（1）: 23—40.

［37］HARTIG T, MANG M, EVANS G W. Restorative effects of natural environment experiences[J]. Environment & Behavior, 1991, 23（1）: 3—26.

［38］HEDE A M, GARMA R, JOSIASSEN A, et al. Perceived authenticity of the visitor experience in museums[J]. European Journal of Marketing, 2014, 48（7—8）: 12—13.

［39］HOOD M G. Staying away: why people choose not to visit museums[J]. Museum News, 1983, 61（4）.

［40］HUGHES G. Authenticity in tourism[J]. Annals of Tourism Research, 1995, 22（4）: 781—803.

［41］HWANG S N, LEE C, CHEN H J. The relationship among tourists' involvement, place attachment and interpretation satisfaction in Taiwan's national parks[J]. Tourism Management, 2005, 26（2）: 143—156.

［42］JOLLIFFE L, SMITH R. Heritage, tourism and museums: the case of the north atlantic islands of skye, scotland and prince edward island, canada[J]. International Journal of Heritage Studies, 2010, 7（2）: 149—172.

［43］KANG M, GRETZEL U. Perceptions of museum podcast tours: effects of consumer innovativeness, internet familiarity and podcasting affinity on performance expectancies[J]. Tourism Management Perspectives, 2012, 4, 155—163.

[44] KIM S. Staging the "authenticity" of intangible heritage from the production perspective: the case of craftsmanship museum cluster in Hangzhou, China[J]. Journal of Tourism and Cultural Change, 2015, 13(4): 285—300.

[45] KING G, KEOHANE R O, VERBA S.Designing social inquiry: scientific inference in qualitative research[M]. Princeton: Princeton University Press.1994.

[46] KIRCHBERG V. Museum visitors and non-visitors in Germany: arepresentative survey[J]. Poetics, 1996, 24(2): 239—258.

[47] KIRSHENBLATT-GIMBLETT B. Destination culture: tourism, museums and heritage[J]. Journal of American History, 2000, 87(1): 131—132.

[48] KIRSHENBLATT-GIMBLETT B. Intangible heritage as metacultural production[J]. Problems of Museology, 2013, 66(1—4): 163—174.

[49] LAU R W K. Revisiting authenticity: a social realist approach[J]. Annals of Tourism Research, 2010, 37(2): 478—498.

[50] LAXSON J D. How "we" see "them" tourism and native americans[J]. Annals of Tourism Research, 1991, 18(3): 365—391.

[51] LICHTMAN L. Pamela anderson, durer and herrenvolk[M].London: Sense Publishers, 2012.

[52] LITTRELL M A, ANDERSON L F, BROWN P J. What makes a craft souvenir authentic[J]. Annals of Tourism Research, 1993, 20(1): 197—215.

[53] LOWENTHAL D. The past is a foreign country[M].Cambridge:

Cambridge University Press, 1985.

［54］LOWENTHAL D, ANDERSON R G W. The past is a foreign country[J]. Isis, 1989, 16（4）: 169—170.

［55］MAXWELL J A. Understanding and validity in qualitative research[J]. Harvard Educational Review, 1992, 62（3）: 279—300.

［56］MENJIVAR C.Immigrant kinship networks and the impact of the receiving context: salvadorans in san francisco in the early 1990s[J]. Social Problems, 1997, 44（1）: 104—123.

［57］MILLIGAN M J, BRAYFIELD A. Museums and childhood: negotiating organizational lessons[J]. Childhood, 2004, 11（3）: 275—301.

［58］MOSCARDO G. Mindful visitors[J]. Annals of Tourism Research, 1996, 23（2）: 376—397.

［59］NOWACKI M M. Evaluating a museum as a tourist product using the servqual method[J]. Museum Management & Curatorship, 2005, 20（3）: 235—250.

［60］OH H M, FIORE A M, JEOUNG M Y. Measuring experience economy concepts: tourism applications[J]. Journal of Travel Research, 2007, 46（2）: 119—132.

［61］PEARCE P L, MOSCARDO G M.The relationship between travellers' career levels and the concept of authenticity[J]. Australian Journal of Psychology, 1985, 37（2）: 157—174.

［62］PENDLEBURY J, SHORT M, WHILE A. Urban world heritage sites and the problem of authenticity[J]. Cities, 2009, 26（6）: 349—358.

[63] POON A. Tourism, technology and competitive strategies[J].New Zealand Geographer, 1993, 51（2）: 62a—63.

[64] POPPER K. R HUDSON G E. Conjectures and refutations[M].London: Routledge, 1989.

[65] PRENTICE R. Experiential cultural tourism: museums & the marketing of the new romanticism of evoked authenticity[J]. Museum Management & Curatorship, 2001, 19（1）: 5—26.

[66] PRENTICE R, ANDERSEN V. Festival as creative destination[J]. Annals of Tourism Research, 2003, 30（1）: 7—30.

[67] REDFOOT D L. Touristic authenticity, touristic angst and modern reality[J]. Qualitative Sociology, 1984, 7（4）: 291—309.

[68] ROBBINS P, AYDEDE M. The cambridge handbook of situated cognition[M].Cambridge: Cambridge University Press, 2008.

[69] SALAMONE F A. Authenticity in tourism[J]. The San Angel Inns. Annals of Tourism Research, 1997, 24（2）: 305—321.

[70] SARTRE J P. Being and nothingness[J]. Journal of the American College of Radiology, 1999, XXXII（1）: 34—43.

[71] 叔本华.作为意志和表象的世界[M].北京: 商务印书馆, 2011.

[72] SCHOUTEN F. Improving visitor care in heritage attractions[J]. Tourism Management, 1995, 16（4）: 259—261.

[73] SEDMAK G, MIHALIČ T. Authenticity in mature seaside resorts[J].

Annals of Tourism Research, 2008, 35（4）：1007—1031.

［74］SHARPLEY R. Tourism, tourists and society[J]. Tourism Tourists & Society, 1994（4）.

［75］SILBERBERG T. Cultural tourism and business opportunities for museums and heritage sites[J]. Tourism Management, 1995, 16（5）：361—365.

［76］SILVER I. Marketing authenticity in third world countries[J]. Annals of Tourism Research, 1993, 20（2）：302—318.

［77］SOLOMON M R, BAMOSSY G, ASKEGAARD S. Consumer behaviour : a european perspective[M].Hertfordshire：Prentice Hall Europe, 1999.

［78］STEINER C J, REISINGER Y. Understanding existential authenticity[J]. Annals of Tourism Research, 2006, 33（2）：299—318.

［79］TAYLOR J P. Authenticity and sincerity in tourism[J]. Annals of Tourism Research, 2001, 28（1）：7—26.

［80］TILDEN F. Interpreting our heritage[M].Chapel Hill：University of North Carolina Press, 1957.

［81］TRILLING L.Sincerity and authenticity[M]. Cambridge：Harvard University Press, 1972.

［82］WAITT G. Consuming heritage：perceived historical authenticity[J]. Annals of Tourism Research, 2000, 27（4）：835—862.

［83］WANG N.Rethinking authenticity in tourism experience[J]. Annals of Tourism Research, 1999, 26（2）：349—370.

［84］WEIL S E. From being about something to being for somebody：the ongoing transformation of the american museum[J]. Daedalus, 1999, 128 (3): 229—258.

[85] WITTGENSTEIN L. Philosophical investigations[J]. Philosophy of Science, 1954, 44 (21): 421—423.

[86] WOLCOTT H. The art of fieldwork[J]. American Journal of Sociology, 1996, 102 (3).

[87] YOSHIDA K. The museum and the intangible cultural heritage[J]. Museum International, 2004, 56 (1—2): 108—112.

[88] 阿兰贝里. 现代大众旅游[M]. 谢彦君, 译. 北京: 旅游教育出版社, 2014.

[89] 艾尔·巴比. 社会研究方法[M]. 第八版. 邱泽奇, 译. 北京: 华夏出版社, 2000.

[90] 白燕培. 浅谈博物馆与残疾人教育[C]//中国博物馆协会博物馆学专业委员会2013年"博物馆与教育"学术研讨会论文集, 2013.

[91] 蔡丰明. 中国非物质文化遗产的文化特征及其当代价值[J]. 上海交通大学学报（哲学社会科学版）, 2006, 14 (4): 64—69.

[92] 曹娟. 谈原真性（authenticity）[J]. 中国科技术语, 2007, 9 (1): 47—48.

[93] 曹诗图. 旅游哲学引论[M]. 天津: 南开大学出版社, 2008.

[94] 查尔斯·泰勒. 自我的根源: 现代认同的形成[M]. 韩震, 译. 上海: 译林出版社, 2008.

[95] 查尔斯·泰勒. 本真性的伦理[M]. 程炼, 译. 上海: 上海三联书店,

2012.

［96］陈鼓应.老子注译及评价[M].北京：中华书局，1984.

［97］陈军科.博物馆文化形态的新理念——全球化形势下博物馆与非物质文化遗产的哲学思考[J].中国博物馆，2004（2）：7—12.

［98］陈来生.休闲娱乐功能的强化与博物馆的可持续发展——以苏南地区为例[J].江南社会学院学报，2003，5（3）：60—64.

［99］陈琴，李俊，张述林.国内外博物馆旅游研究综述[J].人文地理，2012（6）：24—30.

［100］陈伟凤，陈钢华，黄远水.遗产旅游体验的真实性及其塑造途径研究[J].旅游论坛，2008，19（2）：182—185.

［101］陈文玲，苏勤.近十五年来真实性在国内外旅游中的研究对比[J].人文地理，2012（3）：118—124.

［102］陈向明.扎根理论的思路和方法[J].教育研究与实验，1999（4）：58—63.

［103］陈向明.质的研究方法与社会科学研究[M].北京：教育科学出版社，2000.

［104］陈向明.质性研究方法：反思与评论[M].重庆：重庆大学出版社，2008.

［105］陈兴."虚拟真实"原则指导下的旅游体验塑造研究——基于人类学视角[J].旅游学刊，2010，25（11）：13—19.

［106］程乾，吴秀菊.非物质文化遗产真实性保持与旅游开发协调共生感知研究[J].经济研究导刊，2014（14）：234—235.

［107］戴昕，陆林，杨兴柱，等.国外博物馆旅游研究进展及启示[J]. 旅游学刊，2007，22（3）：84—89.

［108］董培海. 旅游中"真实性"研究的回顾与展望[J]. 旅游研究，2011，3（3）：62—70.

［109］段若鹏，李秋硕.博物馆体验型旅游产品开发研究——以杭州运河博物馆群为例[J].哈尔滨师范大学社会科学学报，2012（1）：70—75.

［110］樊嵘，孟大志，徐大舜.统计相关性分析方法研究进展[J]. 数学建模及其应用，2014,3（1）.

［111］风笑天.社会调查中的问卷设计[M].北京：中国人民大学出版社，2014

［112］盖尔·詹宁斯，谢彦君，陈丽.旅游研究方法[M].北京：旅游教育出版社，2007.

［113］格里斯.研究方法的第一本书[M].孙冰洁，王亮，译.大连：东北财经大学出版社，2011.

［114］耿曙，陈玮.比较政治的案例研究：反思几项方法论上的迷思[J]. 社会科学，2013（5）：20—29.

［115］谷峻岭.浅谈博物馆的绩效管理[J].印度洋经济体研究，2007（4）：120—121.

［116］顾浩.本真与嬗变——对作为非物质文化遗产的手工艺技术意义的再反思[J].扬州大学学报（人文社会科学版），2014（1）：101—107.

［117］关昕.非物质文化遗产保护与博物馆发展新趋向[J].博物馆研究，2007（3）：40—45.

[118] 海德格尔.存在与时间[M].北京：商务印书馆，2015.

[119] 胡静锋.博物馆旅游产品开发及市场营销研究[J].科教文汇，2007（10）：153.

[120] 胡塞尔.纯粹现象学通论：纯粹现象学和现象学哲学的观念：第一卷[M].珍藏本.北京：商务印书馆，2009.

[121] 胡塞尔.欧洲科学的危机与超越论的现象学[M].北京：商务印书馆，2009.

[122] 胡志毅，曹华盛.西方旅游真实性研究综述[J].旅游论坛，2007，18（3）：440—443.

[123] 胡晓慧.温州地域文化创新与科学发展——温州文化性格的多维度透视[C]//北京学研究文集.北京：同心出版社，2008.

[124] 黄邦恩."厦门博物馆之旅"开发刍议[J].亚热带资源与环境学报，2005，20（4）：36—39.

[125] 黄晓宏.博物馆观众心理学浅析[J].中国博物馆，2003（4）：50—52.

[126] 蒋建忠.共通与融合：社会科学中的质性分析和定量研究[J].社科纵横，2017，32（1）：83—92.

[127] 金露，刘俊军.非物质文化遗产保护与博物馆[J].宁波大学学报（人文科学版），2015，28（6）：124—128.

[128] 金准.我国旅游业发展进程中的非物质文化遗产保护与利用[J].生态经济，2016（2）：143—146.

[129] 李灿，辛玲.调查问卷的信度与效度的评价方法研究[J].中国卫

生统计，2008，25（5）：541—544.

［130］李恒云，龙江智，程双双. 基于博物馆情境下的旅游涉入对游客游后行为意向的影响——旅游体验质量的中介作用研究[J]. 北京第二外国语学院学报，2012（3）：54—63.

［131］李鸿儒. 定性研究中的信度和效度[M]. 哈尔滨：哈尔滨工程大学，2009.

［132］李健文，孟庆金，金淼. 旅游视角下的博物馆职能演变[J]. 科普研究，2010，5（2）：170—170.

［133］李天道，侯李游美. 中国传统美学之生命意识与"本真"诉求[J]. 社会科学研究，2013（6）：180—188.

［134］李瑛. 我国博物馆旅游产品的开发现状及发展对策分析[J]. 人文地理，2004，19（4）：30—32.

［135］李泽厚. 孔子再评价[J]. 中国社会科学，1980（2）：77—96.

［136］李泽厚. 美的历程[M]. 北京：生活·读书·新知三联书店，2009.

［137］李志勇. "双因素理论"分析框架下的博物馆旅游满意度影响因素[J]. 社会科学家，2014（12）：74—80.

［138］李志勇. 非物质文化遗产博物馆建设理念初探——以南京博物院非遗馆为例[J]. 东南文化，2015（5）：107—112.

［139］李祝舜. 静态人文景观的观赏美感[J]. 华侨大学学报（哲学社会科学版），1992（z1）：97—102.

［140］丽贝卡·麦金尼斯，王思怡. 启迪之岛：博物馆体验的当下与未来[J]. 中国博物馆，2016（2）：55—60.

[141] 林峰. 基于因子分析的老字号餐饮企业顾客满意度实证研究——一个个案研究的启示[J]. 旅游学刊, 2009, 24（7）: 53—58.

[142] 林美珍, 肖洪根. 博物馆化: 对旅游景观吸引系统发展变化的一种理论释义[J]. 北京第二外国语学院学报, 2003（3）: 61—64.

[143] 林玉军. 基于游客体验需求的"大博物馆"理念探讨——兼论文化遗产保护与旅游开发问题[J]. 中国博物馆, 2013（4）: 87—96.

[144] 刘俊. 博物馆游客行为研究——以广州南越王墓博物馆为例[J]. 旅游论坛, 2005, 16（2）: 40—44.

[145] 刘魁立. 从人的本质看非物质文化遗产[J]. 江西社会科学, 2005（1）: 95—101.

[146] 刘若楠. 论博物馆的旅游价值[J]. 博物馆研究, 2009（3）.

[147] 刘晓春. 谁的原生态?为何本真性——非物质文化遗产语境下的原生态现象分析[J]. 学术研究, 2008: 153—158.

[148] 刘晓春. 文化本真性: 从本质论到建构论——"遗产主义"时代的观念启蒙[J]. 民俗研究, 2013（4）: 34—50.

[149] 刘晓春, 冷剑波. "非遗"生产性保护的实践与思考[M]. 广西民族大学学报（哲学社会科学版）, 2016（4）: 64—71.

[150] 卢梭, 何兆武. 论科学与艺术[M]. 上海: 上海人民出版社, 2007.

[151] 卢天玲. 社区居民对九寨沟民族歌舞表演的真实性认知[J]. 旅游学刊, 2007, 22（10）: 89—94.

[152] 鲁迅. 鲁迅全集: 第二卷[M]. 北京: 人民文学出版社, 1981.

[153] 陆建松. 博物馆与都市旅游业[J]. 探索与争鸣, 1997（11）: 37—38.

［154］罗佳明.遗产旅游的发展向度：遗产地精神与体验旅游的融合[J].旅游学刊，2010，25（5）：6—7.

［155］罗美娟，郑向敏.澳门博物馆旅游发展评介[J].北京第二外国语学院学报，2008，30（11）：49—54.

［156］马建军.博物馆与非物质文化遗产保护[J].中国文物科学研究，2007（1）.

［157］马克思.1844年经济学哲学手稿[M].北京：人民出版社，1985.

［158］马凌.本真性理论在旅游研究中的应用[J].旅游学刊，2007，22（10）：76—81.

［159］马天，谢彦君.旅游体验的社会建构：一个系统论的分析[J].旅游学刊，2015，30（8）：96—106.

［160］马自树.关于博物馆服务[J].中国博物馆，1997（2）：2—3.

［161］孟贵成，牛力静.非物质文化遗产概念的"工具性"分析[J].文化月刊，2016.（5）：74—77.

［162］盘福东，盘立.博物馆在旅游城市的形象定位[J].桂林师范高等专科学校学报，2004.18（3）：118—120.

［163］齐勇，李谦，苏道玉.当代文化视野下"非遗"资源的精神价值探讨[J].艺术百家，2012（4）：222—224.

［164］阮仪三，林林.文化遗产保护的原真性原则[J].同济大学学报（社会科学版），2003.14（2）：1—5.

［165］瑞吉娜·本迪克丝，李扬.本真性（Authenticity）[J].民间文化论坛，2006（4）：108—109.

[166]盛洁桦.浪漫凝视与集体凝视——旅游人类学视角下的博物馆游客体验探析[J].中国博物馆,2016(2):31—34.

[167]施怀德.关于博物馆与非物质文化遗产保护管理的思考[J].中国文物科学研究,2006(3).

[168]石美玉,孙梦阳.非物质遗产旅游利用中的三大环节探论——以北京为节点的实证研究[J].旅游学刊,2010,25(6):50—56.

[169]史蒂芬·康恩,傅翼.博物馆是否还需要实物?[J].中国博物馆,2013(2):2—22.

[170]史萍.上海博物馆客源市场研究[J].北京第二外国语学院学报,2002(4):48—54.

[171]史萍.上海文博旅游资源开发研究——以上海博物馆为例[J].旅游论坛,2002,13(2):68—72.

[172]宋向光.无形文化遗产对中国博物馆工作的影响[J].中国博物馆,2002.(4):40—47.

[173]宋兆麟.博物馆与非物质文化保护[J].河南社会科学,2008(6):16—19.

[174]苏东海.中国博物馆与无形遗产[J].中国博物馆,2002(4):20—22.

[175]孙九霞.旅游作为文化遗产保护的一种选择[J].旅游学刊,2010,25(5):10—11.

[176]孙九霞.外部利益相关者视角下的族群文化原真性研究——以从江岜沙苗族为例[J].广西民族大学学报(哲学社会科学版),2011(1):

18—25.

[177] 孙梦阳，石美玉. 非物质文化遗产游憩者动机及其市场细分研究[J]. 旅游学刊，2012，27（12）：95—102.

[178] 唐玲萍. 认证本真性的概念与实质：一个文献述评[J]. 旅游论坛，2015（5）：26—30.

[179] 唐顺英，刘丰祥. 山东省博物馆科普旅游发展战略研究[J]. 国土与自然资源研究，2006（4）：77—78.

[180] 特里林. 诚与真[M]. 南京：江苏教育出版社，2006.

[181] 田义勇. 审美体验的重建[M]. 上海：复旦大学出版社，2010.

[182] 王红宝，谷立霞. 基于旅游体验的非物质文化遗产保护性旅游开发研究[J]. 广西社会科学，2010（11）：61—64.

[183] 王宏钧. 中国博物馆学基础[M]. 修订版. 北京：上海古籍出版社，2001.

[184] 王建明，贺爱忠. 消费者低碳消费行为的心理归因和政策干预路径：一个基于扎根理论的探索性研究[J]. 南开管理评论，2011，14（4）：80—89.

[185] 王健. 非物质文化遗产与旅游的不解之缘[J]. 旅游学刊，2010，25（4）：11—12.

[186] 王晋. 成都博物馆旅游资源现状分析与开发建议[J]. 社会科学家，2006（S1）：212.

[187] 王旌璇. 南京市博物馆旅游需求研究[J]. 东南大学学报（哲学社会科学版），2012（S3）：93—97.

[188] 王宁. 旅游伦理与本真性体验的文化心理差异[J]. 旅游学刊, 2014, 29（11）: 5—6.

[189] 王文章.非物质文化遗产概论[M].北京：教育科学出版社, 2013.

[190] 王学敏. 博物馆的宣教工作与观众需求[J]. 中国博物馆, 2003（4）: 43—46.

[191] 吴红涛.怀旧消费的伦理判断[J]. 内蒙古社会科学（汉文版），2016, 37（4）: 143—148.

[192] 项隆元. 论博物馆陈列的真实性特点与原则——陈列语言与博物馆教育研究之三[J]. 中国博物馆, 1995（2）: 24—29.

[193] 项隆元，陈建江. 博物馆观众娱乐性需求的认识与博物馆娱乐功能的确立[J]. 中国博物馆, 2003（1）: 74—78.

[194] 谢春山，魏占慧. 旅游活动中的"文化真实性"问题研究[J].旅游研究, 2016, 8（2）: 20—24.

[195] 谢剑荣. 博物馆如何为残疾人群体服务[J].中国博物馆通讯, 2003.（9）: 15—16.

[196] 谢开. 国内外"博物馆化"表征评述[J]. 博物馆研究, 2014（4）: 3—6.

[197] 谢彦君. 旅游体验——旅游世界的硬核[J].桂林旅游高等专科学校学报, 2005, 16（6）: 5—9.

[198] 徐嵩龄. 遗产原真性·旅游者价值观偏好·遗产旅游原真性[J].旅游学刊, 2008, 23（4）: 35—42.

[199] 徐永红.博物馆旅游体验研究[D]. 开封：河南大学, 2006.

[200]杨丹丹，宋保平.遗址博物馆旅游真实性感知指标体系研究——以秦始皇兵马俑博物馆为例[J].河南科学，2013（11）：2093—2097.

[201]杨国杰.论现代博物馆职能演化的进程[J].逻辑学研究，2007，27（8）：181—184.

[202]杨丽.我国博物馆特色旅游开发刍议[J].经济地理，2003，23（1）：121—125.

[203]杨秋.本真·体验·互动——博物馆展示艺术的思辨解读[J].科技信息，2012（4）：432—433.

[204]杨振之，胡海霞.关于旅游真实性问题的批判[J].旅游学刊，2011，26（12）：78—83.

[205]苑利，顾军.非物质文化遗产学[M].北京：高等教育出版社.2009.

[206]约翰·克雷斯威尔.混合方法研究导论[M].上海：格致出版社，2015.

[207]詹宁斯.旅游研究方法[M].北京：旅游教育出版社，2007.

[208]张兵娟.互动仪式中的情感传播及其建构——以《中国好声音》为例[J].新闻爱好者，2012（12）：16—18.

[209]张朝枝.原真性理解：旅游与遗产保护视角的演变与差异[J].旅游科学，2008，22（1）：1—8.

[210]张成渝.《世界遗产公约》中两个重要概念的解析与引申——论世界遗产的"真实性"和"完整性"[J].北京大学学报（自然科学版），2004，40（1）：129—138.

[211]张成渝.国内外世界遗产原真性与完整性研究综述[J].东南文化，

2010（4）：30—37.

［212］张成渝. 村落文化景观保护与可持续发展的两种实践——解读生态博物馆和乡村旅游[J]. 同济大学学报（社会科学版），2011，22（3）：35—44.

［213］张成渝."真实性"和"原真性"辨析[J]. 建筑学报，2012（S1）：96—100.

［214］张宏梅. 文化学习与体验：文化遗产旅游者的核心诉求[J]. 旅游学刊，2010，25（4）：10.

［215］张家军. 扎根理论之于课程研究的启示[J]. 比较教育研究，2010（10）：81—85.

［216］张敏. 论博物馆市场化行为的趋势及影响[J]. 中国博物馆，2003（1）：8—13.

［217］张敏. 博物馆与旅游[J]. 中国博物馆，2004（1）：24—28.

［218］张微. 论科学发展观与博物馆对残疾人的教育[J]. 博物馆研究，2008（1）：10—13.

［219］张希月，陈田. 基于游客视角的非物质文化遗产旅游开发影响机理研究——以传统手工艺苏绣为例[J]. 地理研究，2016，35（3）：590—604.

［220］赵冬菊. 博物馆与非物质文化遗产的互动[J]. 中国文物科学研究，2006（3）：198—204.

［221］赵红梅，董培海. 回望"真实性"（authenticity）（下）——一个旅游研究的热点[J]. 旅游学刊，2012，27（5）：13—22.

［222］赵红梅，李庆雷. 回望"真实性"（authenticity）（上）——一个

旅游研究的热点[J]. 旅游学刊，2012，27（4）：11—20.

［223］赵悦，石美玉. 非物质文化遗产旅游开发中的三大矛盾探析[J]. 旅游学刊，2013，28（9）：84—93.

［224］周春燕. 质的研究还是量的研究?——教育研究方法论的省思[J]. 教育科学论坛，2006（10）：29—32.

［225］周亚庆，吴茂英，周永广，等. 旅游研究中的"真实性"理论及其比较[J].旅游学刊，2007，22（6）：42—47.

［226］朱健刚. 本真性的共谋：旅游人类学的反思[J].旅游学刊，2012，27（11）：17—19.

［227］庄志民. 文化遗产旅游价值取向的新探索[J].旅游学刊，2012，27（5）：3—5.

［228］宗白华.美学散步[M].上海：上海人民出版社，2015.

［229］邹统钎，高中，钟林生. 旅游学术思想流派[M].天津：南开大学出版社，2008.

［230］邹统钎，吴丽云. 旅游体验的本质、类型与塑造原则[J]. 旅游科学，2003，17（4）：7—10.

等地博物馆进行参与式观察、深入访谈与问卷发放；感谢浙江工贸职业技术学院的秦芷筠、刘家轩、王丽婷三位同学将语音转为文字的辛勤付出。本书出版得到温州市蓝登图书有限公司合作课题《温州非物质文化遗产研究成果编撰出版与文创产品的立体式研发》的资金支持。

金浏河

2022年4月